新时代大学生价值观与思想引领研究

武香俊　张沙沙　陈雪　著

延边大学出版社

图书在版编目（CIP）数据

新时代大学生价值观与思想引领研究 / 武香俊，张沙沙，陈雪著. -- 延吉：延边大学出版社，2022.6
ISBN 978-7-230-03426-5

Ⅰ．①新… Ⅱ．①武… ②张… ③陈… Ⅲ．①大学生－思想政治教育－研究－中国 Ⅳ．①G641

中国版本图书馆 CIP 数据核字(2022)第 104684 号

新时代大学生价值观与思想引领研究

著　　者：武香俊　张沙沙　陈　雪
责任编辑：邵希芸
封面设计：品集图文
出版发行：延边大学出版社
社　　址：吉林省延吉市公园路 977 号　　　　邮　　编：133002
网　　址：http://www.ydcbs.com
E - m a i l：ydcbs@ydcbs.com
电　　话：0433-2732435　　　　　　传　　真：0433-2732434
发行电话：0433-2733056　　　　　　传　　真：0433-2732442
印　　刷：北京宝莲鸿图科技有限公司
开　　本：787 mm×1092 mm　1/16
印　　张：10.25　　　　　　　　　　字　　数：205 千字
版　　次：2022 年 6 月　第 1 版
印　　次：2023 年 10 月　第 1 次印刷
ISBN 978-7-230-03426-5

定　　价：68.00 元

前　　言

人才培养是高校的中心工作，立德树人是新时代高校人才培养和教育的首要目标，做好大学生的价值观与思想引领则是立德树人的基石。国家和社会的责任和希望寄托于年轻人，年轻人聪明智慧，国家就聪明智慧；年轻人进步，国家就进步；年轻人有信仰，国家就有力量。笔者以为，有效增强新时代大学生价值观与思想引领，就是要依靠、吸引和凝聚大学生，影响和动员新时代大学生为建设中国特色社会主义现代化强国和实现中华民族伟大复兴而奋斗，从而凝聚价值共识，形成磅礴之力。

本书对"新时代大学生价值观与思想引领"这个命题进行了思考和探索。

第一章对新时代大学生价值观的相关概念和理论进行了阐述，通过对新时代大学生价值观现状的调查和分析，指出了新时代大学生价值观中存在的问题，进而阐述了新时代大学生价值观建构的马克思主义理论基础，并分析新时代大学生价值观建构的意义。

第二章立足于新时代大学生价值观的多元化解析。第一节对价值观视域下的多元化进行分析和解构，并指出多元化给大学生价值观培育带来的影响；第二节根据多元化引发的价值观冲突，提出了多元化下大学生价值观培育的应对之策；第三节分析了新时代大学生价值观的现状；第四节从多元化背景下大学生社会主义核心价值观构建的意义入手，指出多元化背景下大学生社会主义核心价值观培育的痛点，进而厘清了多元化背景下大学生社会主义核心价值观培育的路径。

第三章重点介绍了新时代大学生思想引领的基本理论和逻辑。首先介绍新时代大学生思想引领的缘起，并对新时代大学生思想引领视域下的意识形态、价值观、理想信念等相关概念进行厘定，分析研究了新时代大学生思想引领视域下的几个关系和几个基本遵循。

第四章、第五章分别对大学生价值观中的热点和难点问题"职业价值观"和"消费价值观"的构建进行了调研分析，并进行了多维度剖析解构，提出了以社会主义核心价值观引领大学生职业价值观培育路径的创新实践思路；阐述了以社会主义核心价值观引领新时代大学生消费价值观的构建路径，并提出新时代大学生不良消费行为的应对策略。

第六章则以五个专题阐述了新时代大学生思想引领创新实践研究。第一个专题是以苏州大学文正学院的创新实践探索——"三全育人"和"三自育人"的体系构建，详细介绍了在生态体验理念指导下，构建"三全育人"和"三自育人"二维一体的新时代大学生思想引领体系的创新实践路径，也指出了本生态体系的不足之处，为后面的专题研究埋下伏笔；专题二详细介绍了互联网思维下的新时代大学生思想引领，对互联网思维下的新时代大学生思想引领面临的新情况、存在的问题和应对之策进行了阐述；专题三介绍了新媒体视角下的新时代大学生思想引领创新实践；专题四介绍了基于组织认同的新时代大学生思想引领创新实践；专题五以"思想引领力：新时代思想政治教育的应然选择"为题，创新性地指出：从思想引领到思想引领力的形成，是新时代提升高校治理能力和治理体系的必然要求，是新时代思想政治教育发展的应然选择。

总之，有效的大学生价值观与思想引领一定要关注和依托学生主体，围绕和覆盖学生的全部生活，在以人为本视角下，因人而异、因时而异、因地而异，价值观与思想的引领才能有效且生动。从这个角度来说，营造一种氛围或构建优良的育人生态，思想引领力便会在润物细无声中实现，立德树人往往会更加有效和事半功倍。当然笔者也深知没有一种理论、方案或模式是万能的，再好的理论、方案或模式都是发展的、变化的、动态的，只有因事而化、因时而进、因势而新，才能切实有效地做好新时代大学生价值观与思想的引领。

本书在写作过程中借鉴和吸收了国内相关领域专家、学者的研究成果，在此表示诚挚的感谢。

目　　录

第一章　新时代大学生价值观的基本理论 ·· 1

　　第一节　价值观与社会主义核心价值观 ·· 1

　　第二节　新时代大学生价值观建构的理论基础 ································ 7

　　第三节　新时代大学生价值观建构的意义 ······································ 17

第二章　新时代大学生价值观的多元化解析 ······································ 20

　　第一节　价值观视域下的多元化 ·· 20

　　第二节　多元化引发的价值观冲突 ·· 25

　　第三节　新时代大学生价值观的现状 ·· 30

　　第四节　多元化背景下大学生社会主义核心价值观构建 ·············· 37

第三章　新时代大学生思想引领的基本理论 ···································· 45

　　第一节　新时代大学生思想引领概况 ·· 45

　　第二节　新时代大学生思想引领视域 ·· 50

　　第三节　新时代大学生思想引领视域下的几个关系 ···················· 58

　　第四节　新时代高校大学生思想引领的几个基本遵循 ················ 64

第四章　新时代大学生职业价值观培育研究 ···································· 75

　　第一节　新时代大学生职业价值观现状 ······································ 75

　　第二节　新时代大学生职业价值观引领的必要性 ······················ 83

　　第三节　以社会主义核心价值观引领大学生职业价值观培育 ········ 91

第五章　新时代大学生消费价值观培育研究 ···································· 101

　　第一节　新时代大学生不良消费行为及成因 ······························ 101

　　第二节　以社会主义核心价值观引领大学生消费价值观培育 ········ 105

第六章 新时代大学生思想引领创新研究 ···················· **108**

第一节 "三全育人"和"三自育人"的体系构建 ·············· 108

第二节 互联网思维下的新时代大学生思想引领 ·············· 120

第三节 新媒体视角下的新时代大学生思想引领 ·············· 128

第四节 基于组织认同的新时代大学生思想引领 ·············· 137

第五节 思想引领力：新时代思想政治教育的应然选择 ········· 148

参考文献 ·· **155**

第一章 新时代大学生价值观的基本理论

第一节 价值观与社会主义核心价值观

一、价值观

1.关于价值

研究价值观首先要研究价值。关于价值，《现代汉语词典》（第7版）的解释为：体现在商品里的社会必要劳动。价值量的大小决定生产这一商品所需的社会必要劳动时间的多少。不经过人类劳动加工的东西，如空气，即使对人们有使用价值，也不具有价值。它是事物的一种属性，反映一种事物满足另一种需要的事实和程度。价值不在于事物自身，而在于事物之间的联系。马克思曾说过，"价值"这个普通的概念是从人们对待满足他们需要的外界物的关系中产生的。由此可见，价值是人（主体）的需要与满足人的需要的外界物（客体）之间的一种关系。价值的主体只能是人，任何价值都是对于人的价值、满足人的需要的价值。人生在世，"一要生存，二要温饱，三要发展"，自然就有物质需要和精神需要。但由于人的社会性、群体性、依存性，人最需要的东西就是人，即人既是价值主体，又是价值客体，这是价值关系中人的特殊性所在。由此可把价值分为三大类：物质价值、精神价值和人的价值。但是不能脱离社会发展的具体情况，抽象、孤立地谈论人的价值。价值概念后来泛化到哲学、伦理学、美学、社会学等学科，指能带给人们的某种实际功效或利益。

2.关于价值观

关于价值观，《现代汉语词典》（第7版）的解释为：对经济、政治、道德、金钱等所持有的总的看法。由于人们的社会地位不同，价值观也有所不同。基于价值的定义，价值观也可以解释为：对价值的立场、看法和观念，指人们对认识对象的评价标准、评价原则和评价方法的观点的体系，是价值关系的观念反映。

中国传统文化中的格物致知、厚德载物、见利思义、刚健有为、自强不息、仁爱孝悌、克己奉公等都属于价值观范畴，通过改造融合到中华民族精神和时代精神之中。

当代中国的学者们对价值观主要有三种观点：一种是主客体关系论，认为价值的本质是主客体之间的相互关系，在方法论上持"关系说"；第二种是人道价值论，认为价值的本质，尤其是人的价值的本质在于主体本身的属性和性质，在方法论上持"属性说"；还有一种是广义价值论，它试图解决主客体关系论和人道价值论的逻辑矛盾，认为价值是关系范畴，也是属性范畴，关系和属性是可以统一的。

3.本书对价值观的厘定视角

习近平总书记指出，价值观是人类在认识、改造自然和社会的过程中产生与发挥作用的。不同民族、不同国家由于其自然条件和发展历程不同，产生和形成的核心价值观也各有特点。一个民族、一个国家的核心价值观必须同这个民族、这个国家的历史文化相契合，同这个民族、这个国家的人民正在进行的奋斗相结合，同这个民族、这个国家需要解决的时代问题相适应。世界上没有两片完全相同的树叶。一个民族、一个国家，必须知道自己是谁，是从哪里来的，要到哪里去，想明白了、想对了，就要坚定不移地朝着目标前进。

《社会主义核心价值观大学生读本》中指出：价值观是指在一定条件下，人的全部生活实践对自我、他人和社会所产生的意义与重要性的总体评价和自觉信念，其核心是对人生的目的、对社会的态度和对生活道路的选择。正确的价值观能为个人和社会发展提供动力和导向。价值观对人们自身行为的定向和调节起着非常重要的作用。价值观决定人的自我认识，直接影响和决定一个人的理想、信念、生活目标和追求方向。本书对价值观的概念厘定主要基于大学生思想政治教育视角。

二、社会主义核心价值观

1.社会主义核心价值观

党的十八大提出，倡导富强、民主、文明、和谐，倡导自由、平等、公正、法治，倡导爱国、敬业、诚信、友善，积极培育和践行社会主义核心价值观。富强、民主、文明、和谐是国家层面的价值目标，自由、平等、公正、法治是社会层面的价值取向，爱国、敬业、诚信、友善是公民个人层面的价值准则，这24个字是社会主义核心价值观的基本内容。"富强、民主、文明、和谐"，深刻体现了国家在经济、政治、文化、社会方面的价值要求和制度追求；"自由、平等、公正、法治"，充分表明社会的主导价值取向，符合科学发展观的要求，彰显以人为本、人人平等、公平正义、依法治国，为个人的全面自由发展创造良好的社会环境；"爱国、敬业、诚信、友善"，涵盖公民的社会公德、职业道德、家庭美德、个人品德等各方面。

2.社会主义核心价值观与社会主义核心价值体系

社会主义核心价值观是社会主义核心价值体系的内核，体现社会主义核心价值体系的根本性质和基本特征，反映社会主义核心价值体系的丰富内涵和实践要求，是社会主义核心价值体系的高度凝练和集中表达。

社会主义核心价值观与社会主义核心价值体系方向一致，都体现了社会主义意识形态的本质要求，凝结着社会主义先进文化的精髓，是中国特色社会主义道路、理论体系和制度的价值表达，是实现中华民族伟大复兴的中国梦的价值引领。核心价值观与核心价值体系都坚持重建设，就是要弘扬共同理想、凝聚精神力量、建设道德风尚；都是为了形成全民族奋发向上、团结和睦的精神纽带，使国家、民族、人民在精神上强大起来，更好地坚持中国道路、弘扬中国精神、凝聚中国力量。

社会主义核心价值观与社会主义核心价值体系两者各有侧重，相比于社会主义核心价值体系，社会主义核心价值观有这样几个鲜明特点：一是更加突出了核心要素。社会主义核心价值体系包括马克思主义指导思想、中国特色社会主义共同理想、以爱国主义为核心的民族精神和以改革创新为核心的时代精神、社会主义荣辱观四个方面，是一个系统性、总体性的框架；而社会主义核心价值观强调的"三个倡导"，则更清晰地揭示了这个价值体系的内核，确立了当代中国最基本的价值观念。二是更加注重了凝练表达。社会主义核心价值观倡导的富强、民主、文明、和谐，自由、平等、公正、法治，爱国、敬业、诚信、友善，明确了国家、社会、公民个人三个层面的价值目标、价值取向、价值准则，是社会主义核心价值体系的凝练表达，符合大众化、通俗化要求，便于阐发和传播。三是更加强化了实践导向。社会主义核心价值观强调的"三个倡导"指向十分明确，每个层面都对人们有更具体的价值导向，是实实在在的要求，规范性和实践性都很强，便于遵循和践行。培育和践行核心价值观，为推进核心价值体系建设进一步明确了切入点和工作着力点，有利于更好地把各项任务落到实处。

三、个人价值观与社会主义核心价值观的关系

每个大学生都有价值观，但因每个人的生活经历、成长环境与家庭背景等的不同而存在差异，不同的大学生对于同一事物可能会有不同甚至完全相反的看法。随着经济全球化、政治民主化、文化多元化的发展，社会思想文化观念也日趋纷繁复杂。与此同时，大学生的价值观念和价值选择也表现出多样化的特点。然而，承认价值主体与价值观的多元性并不等于就不承认价值标准的主导性和一元化。因为任何一个社会在一定的历史发展阶段上，都会形成与其根本制度和要求相适应的、主导全社会思想和行为的价值观念，即社会核心价值观。社会核心价值观是社会基本制度在价值层面的本质规定，体现社会意识的性质和方向，不仅作用于经济、政治、文化和社会生活的各个方面，而且对每个社会成员价值观的形成都有深刻影响。党的十八大报告中的社会主义核心价值观全方位地体现了国家、社会、公民个人的价值诉求。公民个人在国家和社会关系中处于根本地位，公民个人价值观的塑造有利于社会的良好运转，有助于国家和社会层面价值观的整体提升，同时也需要社会规范的引导，需要国家制度和法律法规的保障。因此，正确理解个人价值观与社会主义核心价值观的关系是当前社会积极培育和践行社会主义核心价值观的需要，也是公民有效发挥个人价值、实现人生理想的重要前提。

1.个人价值观与社会主义核心价值观是辩证统一的

一方面，个人价值观是社会主义核心价值观形成的重要基础和前提。虽

然个人价值观以个人为主体，社会主义核心价值观以整个社会为主体，但归根结底，社会是由无数个人构成的共同体，离开个人这一主体，社会也将不复存在。而价值观人人都有，只是因价值主体的不同而存在差异。多元的个人价值观构成了社会主义核心价值观的源泉和基础，无数人的共同奋斗是整个社会价值追求成为现实的前提和动力。另一方面，社会主义核心价值观是个人价值观选择和确立的指引和导向。社会主义核心价值观虽然根植于多元的个人价值观，但它并不是个人价值观的简单相加，而是无数个人价值观的升华，是人民群众共同创造的智慧和结晶。它明确了认识和评判中国特色社会主义的标准，也规定了每一个社会成员的价值取向，成为主导个人思想和行为的价值指针和坐标。

2.个人价值观与社会主义核心价值观的关系具有历史性

纵观人类社会发展史，任何社会价值观体系都是一元的价值导向与多样的价值取向的统一，只不过在社会发展的不同时期，这种统一的状况有所不同罢了。有时由于社会价值导向过于有力而抑制和掩盖了个体价值取向，虽使社会稳定，但往往会导致思想保守、单一、僵化，使社会缺少应有的生气和活力。反过来，如果社会价值导向乏力，缺乏统摄和引导作用，也容易导致个体价值与社会价值的背离和冲突，造成社会不稳定，同样会影响社会的发展。随着我国社会主义市场经济的建立和逐步完善，价值主体的多元发展使得个人的独立性和自主性也逐渐确立，社会的发展越来越重视和体现个人的价值，社会的主导价值观与多种个人价值观进一步有机融合。

3.个人价值观与社会主义核心价值观统一于社会实践

马克思引入实践的观点，科学阐释了历史唯物主义思想。他认为，社会存在决定社会意识，而社会意识对社会存在具有能动的反作用。价值观作为社会意识的一种，是人们在社会实践过程中逐渐形成并确立的。实践的主体是个人，而实践中人与人之间形成的多种多样的社会关系又构成了社会。因此，个人价值观与社会主义核心价值观的形成都以实践为基础，也将统一于实践当中。一种价值观要获得社会主导地位，需要满足两个基本条件：其一是社会生活为这个价值观提供合理性依据，其二是有广大的支持者理解并自觉实践这个价值观念。社会主义核心价值观之所以在我国社会主义市场经济条件下取得主导地位，得到普遍接受和认同，是因为其在社会生活的实践中体现了多数人的利益要求和价值取向。而个人价值的成功实现也正是在同一实践过程中顺应了时代的潮流，符合大多数人的利益诉求。

总之，个人价值观与社会主义核心价值观在实践的基础上相辅相成、辩证统一。在新时代大学生价值观引领的过程中，既要充分肯定社会主义核心价值观的主导地位，也要切实重视个人价值观的基础和前提作用，努力促进二者的有效融合与统一。新时代，要用社会主义核心价值观更好地构筑中国精神、中国价值、中国力量，为中国特色社会主义事业提供源源不断的精神力量和道德滋养。

第二节 新时代大学生价值观建构的理论基础

马克思主义人学理论是马克思主义哲学中重要的组成部分，是建立在历史唯物主义基础上，对旧唯物主义和唯心主义关于人的学说的双重批判，将人的存在与发展作为社会历史存在与发展的前提进行界定，其内核在于人的现实性、实践性和发展性。马克思对人的内在本质和"人自由而全面发展"

这一终极目标的论述，马克思主义人学理论对建构新时代大学生价值观有着重要的指导意义，对新时代大学生价值观的引领需要从历史唯物主义角度出发，引导和促进大学生反思自身成长的方式、原则并不断加以重构，以此来重塑并建构新时代大学生价值观，从而实现立德树人的目标。马克思主义人学理论对人的本质、人的主体性、人的需要、人的价值、人的发展的探讨与追问，是新时代大学生价值观建构的理论基础。

一、马克思主义人的本质论

马克思指出："人的本质是一切社会关系的总和。"。他认为，人的一切劳动和社会实践都是为了满足人的需要，人的需要就是人的本质。马克思在承认劳动和实践活动是人类的本质的基础上，把人的需要、人的实践活动和社会关系结合起来研究人的本质。马克思主义人的本质论对新时代大学生价值观建构提出了如下要求。

1.价值观建构要以人为本，凸显学生的主体地位

在价值观建构过程中凸显大学生的主体地位，关键在于提升大学生的存在感、融入感和获得感。提升存在感的关键是要让大学生主动。在大学生价值观培育过程中，学生往往是被动地接受，缺乏存在感。为此，应为他们提供参与价值教育活动设计和组织的机会，提高他们的主动参与度，强化他们的主体意识，让大学生成为价值教育的"主人"。提升融入感的关键是要尊重大学生，真正实现全程、全方位服务大学生成长成才，提升教育活动的质量和效果。提升获得感，关键在于加强服务管理，不断创新管理服务方式，提高服务管理水平，满足大学生在学习、生活、文体活动方面的合理需求。

2.价值观要在实践中养成

大学生价值观的形成不是思辨的、抽象的，而是实践的，需要大学生注重社会实践能力，自觉参加实践活动。实践是开展大学生价值教育的重要途径。首先，调动大学生参与实践的自觉性和主动性。实践教育不是宽泛的、无目的的教育，任何教育活动都是有目的、有意识地培养人的活动。在价值教育的实践中，学校要根据学生的特点设计学生感兴趣的实践活动，由要学生参加转变为学生自己要参加，教师的职责就是在活动中引导学生自觉建构与其心智发展和社会要求相适应的价值观念，提升价值素质。其次，增强大学生自主参与实践的目的性。学校教师应该发挥主导作用，对实践过程进行必要的控制和设计，引导学生朝向预先设计的目标发展，从而实现价值观培育。第三，提高大学生参与实践的实效性。实践的开展包括很多主体，如学校、实践单位和学生个人。避免为了活动而活动、为了教育而教育等形式主义的实践教育活动，同时也需要各个主体相互配合、相互支持，共同营造良好的实践育人氛围，这样才能达到共赢的效果。

3.价值观建构要关注和依托大学生的社会关系

处在一定社会关系中的大学生，其价值观念、价值心理、价值行为也是不断变化和发展的。要提高大学生价值观建构的实效性，就必须准确了解和把握处在社会关系中的大学生，以发展的眼光看待大学生价值观念、价值心理、价值行为的发展变化，注意大学生个体变化的差异性，引导大学生发挥主观能动性进行自我教育。社会环境是大学生价值观建构过程中的重要构成要素。大学生的价值观建构立足于大学生所处的社会关系，主要是引导大学生通过积极的社会参与、普遍的社会交往，形成全面的社会联系，全面形成自己的学习、生活、社交和经济交往等关系，从而使自己的社会关系由贫乏到丰富、由封闭到开放、由片面到全面的协调发展。

二、马克思主义人的主体性理论

马克思主义人的主体性理论，就是指人作为活动主体在对客体的作用过程中所表现出来的自主性、能动性和创造性。新时代大学生价值观的重塑在于正确认识自己作为价值主体的定位及责任。自主性是对依赖性的一种扬弃，是人的主体性中的核心要素。人作为主体为了实现自主掌握对象的目的，就必须充分发挥自觉能动性，依据主体的需要和目的选择认识和改造的对象。可以说，能动性是人的主体性的基本内涵。人作为主体所从事的自主的、能动的活动，其本质也是一种创造性活动。马克思主义人的主体性理论对大学生价值教育实践提出了如下要求。

1.唤醒和引导新时代大学生的自主性

大学生价值观在形成过程中呈现出自我意识由抽象到具体、由社会本位逐步向个人本位倾斜的特点，使得大学生在进行价值选择时，亟须将原有的困惑与迷茫变成理性的认识。因此，对大学生的价值观进行重构，必须树立大学生的价值主体意识，改变人的社会性和自然性相分离的状态，并以此作为走出价值困境的突破口，从而实现价值观的建构。大学生价值教育必须充分肯定大学生的主体地位，充分唤醒和尊重大学生的自主意识，要养成自我教育、自我管理、自我完善的意识。引导大学生在自我教育中认识自己，对正当性原则的要求和内容进行主动认知、自主学习；在自我管理中规范自己，以正当性原则的价值规范为基础，把价值规范内化于心、外化于行；在自我完善中提高自己，学会对社会事物的是非曲直做出正确的价值判断，思考未来的发展方向、方式和原则，在学习和实践中不断完善自我，朝着社会和国家认可的方向发展，不断提升自己的价值。

2.培育和提升新时代大学生的能动性

能动性是人的主体性的基本内涵，在价值教育中培育大学生的能动性，使大学生对社会主流价值的认同变被动为主动，变消极为积极，变他律为自律。因此，大学生的价值教育要充分尊重大学生的个性需要和个性发展规律，努力做到因材施教。在教育活动中，要结合每个学生的实际，设定适合其发展的个性化培养目标，同时充分考虑大学生的主观能动性，满足他们的求知欲、进取心和好奇心。价值教育活动植根于现实，以相关的价值问题为切入点，通过创设能发挥大学生主体性的价值情境，引导大学生对现实的价值问题进行质疑和探讨，自主地做出合理的价值选择。

3.激励和发掘新时代大学生的创造性

创新、创意和创造能力素养的培育需从大学生的实际情况出发，让他们各方面的能力自由拓展、创造性发展。一是鼓励大学生结合时代要求发现和提出价值问题，独立思考价值难题，以培养他们的价值创造能力。二是尊重差异，尊重个性。社会环境在迅速变化，大学生的个性需要也在不断变化发展，大学生价值教育的目标是培养正直、高品质的人，价值教育就是要在这种变化发展中把大学生的力量引向发展和创造的方向，使他们不是把各种正当性原则当作约束，而是当作自我发展、自我完善的需要。三是把社会实践作为提升大学生素质的主要途径，"劳动是积极的、创造性的活动"是马克思指出的关于"人的实践"的著名论断，通过引导大学生积极参加社会实践，在社会实践中激发学生的欲望、需要和兴趣，并以此为动力来引导大学生进行价值创造。

三、马克思主义人的需要理论

马克思指出，在现实世界中，个人有许多需要。人的需要是人的本性，同时也是人的行为的目标和动力。人的积极性、创造性来源于人的需要，需要越强烈，积极性就越高，创造性就越强。马克思主义人的需要理论对新时代大学生价值观培育提出了如下要求。

1.尊重并满足大学生的合理需要

大学生的需要突出地表现为求知的需要、尊重的需要、交往的需要、情感的需要等。大学生价值教育要围绕学生，关心学生，服务学生，满足他们的合理需要。首先要引导大学生明白什么是合理需要，什么是不合理需要；明白哪些是可实现的需要，哪些是目前不具备条件实现的需要。对于合理需要，尽量满足他们；对于不合理、不成熟的需要，引导他们自觉地进行调节，使其转向合理需要。大学生有共同的需要，但由于每个大学生的成长经历、家庭环境、人生抱负等不同，他们的需要又呈现出个性化的特点。在价值教育的过程中，对于大学生的普遍需要，应采取集体引导的方式；同时注意把握大学生的个性化需要，通过分类引导、个别指导来引导和帮助他们实现。

2.引导、升华并鼓励大学生的高层次需要

当代大学生是实现中华民族伟大复兴的生力军。当代大学生肩负的历史使命要求他们胸怀远大理想和抱负，始终坚持以人民为中心。在校时，坚定理想，志存高远，练就中国特色社会主义事业所需本领，铸就中国特色社会主义所需品质；走出校门时，脚踏实地，追求精益求精，积极投身于社会主义建设事业中。大学生的价值教育不仅要引导大学生实现合理需要，激发他们的需求；更要引导大学生升华需要层次，激发他们树立崇高的理想，追求

远大的目标，立志做社会主义的合格建设者和可靠接班人。

3.指导并支持大学生合理需要的实现途径

价值是客体对于主体需要的满足。客体所具有的客观属性符合主体的利益和需要是客体的价值所在，但价值不仅仅来源于客体的客观属性，更在于主体的利益和需要，产生于主体的利益追求、评价、选择及实践中。这样价值就包括两个维度：一是主体的利益或需要的正当性。人的利益或需要五花八门，但并不是所有的利益和需要都是正当的、合理的，即人们通常说的"价值取向"或"目的价值"。二是实现满足主体的利益或需要的方式、途径的正当性，即"手段价值"。正当合理的利益或需要如果实现的方式、途径不正当，同样不可取。

四、马克思主义人的价值论

马克思强调，任何人类历史的第一个前提无疑是有生命的个人的存在。因此，第一个需要确定的具体事实就是这些个人的肉体组织，以及受肉体组织制约的他们与自然界的关系。唯物史观继而提出，"有生命的个人存在"是历史存在的前提，决定了社会历史活动的发展方向和发展过程。因此人的价值问题主要探讨人在世界上的地位和人的使命，其实质是人在社会关系中关于自己生命活动的省思。人的价值既与本人的素质及活动相联系，又在人与外界的相互关系中体现出来。人的价值的本质在于创造（物的和人自身的）价值，以不断满足群体、社会以及包括自身在内的个人的需要。人的价值是创造和享受、贡献和索取的统一，也是权利与义务、目的与手段的统一。马克思主义人的价值论对新时代大学生价值观培育提出了如下要求。

1.追求崇高的价值理想

理想是人的精神追求，是价值意识的一种表现形式，它来源于现实又高于现实，是人对未来美好生活的向往和追求。习近平强调："理想指引人生方向，信念决定事业成败。没有理想信念，就会导致精神上'缺钙'。"当前，大学生价值教育的重要任务就是以习近平新时代中国特色社会主义思想武装大学生头脑，把党的新的理论创新融入大学教育的各个环节，引导大学生自觉认同中国特色社会主义共同理想，引导他们追求共产主义的远大理想，并坚定为之奋斗的信念。引导大学生树立"四个意识"，了解"五位一体"总体布局和"四个全面"战略布局，不断增强"四个自信"。只有这样才能保证大学生在成长成才的过程中不走偏路，把个人理想与中国特色社会主义共同理想有机融合，在实现理想的过程中实现自我价值。

2.树立正确的价值取向

习近平指出："青年的价值取向决定了未来整个社会的价值取向，而青年又处在价值观形成和确立的时期，抓好这一时期的价值观养成十分重要。"大学生的价值取向是指大学生对价值追求、评价、选择的一种倾向性态度，即以什么样的态度来对待社会价值和自我价值。一是要深入开展党情、国情、世情教育，使大学生正确认识社会主义的发展规律、国家的前途命运和自己的社会责任，并在此基础上自觉地选择崇高的价值目标，把国家的需要、社会的需要置于第一位。二是深入弘扬和培育民族精神和时代精神，培养大学生的爱国情怀，使大学生在中国特色社会主义的伟大实践中汲取营养，与时代接轨。三是弘扬爱国主义、社会主义、集体主义的主旋律，引导大学生认识到只有把个人的需要与国家和社会的需要相统一，才能够实现自我价值。

五、马克思主义人的全面发展理论

人自由而全面的发展是马克思主义人学理论的主体。在马克思看来，人的全面发展包含着人的全部特征的发展，"人以一种全面的方式，就是说，作为一个总体的人，占有自己的全面的本质"。人有思想，有意识，有各种需求，人性和人的需要都呈现出一定的复杂性，这里的复杂性使得人获得了多方面的发展，使得人的发展走向了自由、全面，这便是人的全面发展的活动方式。马克思认为人的全面发展是多方面的，包括了人的个性自由，人的性格、智慧、情感的发展等诸多方面。每个人生来都不是尽善尽美的，人只有在后天的发展中才能逐渐自我完善，因为人本身就具有这种自我完善的能力，这种能力正是人的天赋。每个人都有自己的天赋，要注意的是，人的天赋是有差异的。马克思主义人的全面发展理论对新时代大学生价值观培育提出了如下要求。

1.新时代大学生要全面而自由地发展

党的十九大报告指出："青年一代有理想、有本领、有担当，国家就有前途，民族就有希望。"新时代对大学生全面发展的要求就是要做到有理想、有本领、有担当。着力加强大学生的理想信念教育，引导大学生树立共产主义远大理想和中国特色社会主义共同理想，引导大学生把个人理想和国家理想、树立理想和实现理想有机统一起来。着力提高青年大学生的本领，引导大学生树立梦想从学习开始、事业靠本领成就的观念；引导他们学会学习的本领，既要学好专业基础知识，又要学会学习，增强知识更新的能力。着力引导大学生学会担当，强化他们的使命意识、责任意识、规则意识和奉献意识，教育大学生牢记"空谈误国，实干兴邦"的人生信条，引导他们从现在做起，从点滴做起，用勤劳的双手和一流的业绩成就精彩人生。

2.新时代大学生要求真、求善、求美

求真，就要加强对大学生的科学教育，在对他们传授科学知识的过程中注重培养他们的科学精神，引导他们积极探索自然、社会及人类自身的发展规律；同时加强意识形态工作，引导他们坚定对马克思主义的信仰和社会主义的信念。求善，就要引导他们树立正确的世界观、人生观和价值观，把社会主义核心价值观内化于心，外化于行。求美，就要发展大学生欣赏美的能力，注重培养他们的审美情感和审美判断力，激发他们求美、鉴美、创美的热情。在对大学生进行真、善、美的教育引导过程中，既要有针对性的引导教育，增强大学生对"真"的理解，从"善"的自觉和求"美"的能力；也要注重三者的有机融合，从而达到真、善、美的统一，最终实现大学生的自由和全面发展。

3.新时代大学生要自觉践行社会主义核心价值观

习近平指出："核心价值观，承载着一个民族、一个国家的精神追求，体现着一个社会评判是非曲直的价值标准。""当代大学生是可爱、可信、可贵、可为的。"大学生是祖国的未来，民族的希望，是实现中华民族伟大复兴中国梦的中坚力量。高校应该注重加强大学生价值观的培养，在立德树人的工作中始终坚持以社会主义核心价值观为引领。对于如何引领，习近平也提出了明确要求，他指出："核心价值观的养成绝非一日之功，要坚持由易到难、由近及远，努力把核心价值观的要求变成日常的行为准则，进而形成自觉奉行的信念理念。"希望广大青年从现在做起，从自己做起，勤学、修德、明辨、笃实，使社会主义核心价值观成为自己的基本遵循，并身体力行，将其推广到全社会去。

总之，新时代大学生价值观构建必须毫不动摇坚持马克思主义的指导，必须认识到新时代大学生价值观建构是一项复杂、艰巨、长期的任务。当前，马克思主义指导地位面临多样化社会思潮的影响与挑战。一方面，马克思主义作为立党、立国的根本指导思想的地位不断巩固，马克思主义中国化最新成果深入人心；另一方面，各种社会思潮对马克思主义一元化指导地位的冲击和挑战日益凸显。同时，社会主义核心价值观面临多元化价值观念的影响与挑战。随着社会变革深入推进，人们思想观念和价值取向的多样性、独立性、选择性、差异性不断增强，用社会主义核心价值观引领和整合多元价值观念的难度在加大。因此，要透过对马克思主义关于人的本质、人的主体性、人的需要、人的价值、人的全面发展等思想的正确认识和把握，正视新时代大学生价值观念、价值心理的新特点，找准突破口，确保新时代大学生价值观培育的实效性。

第三节 新时代大学生价值观建构的意义

党的十八大报告指出："倡导富强、民主、文明、和谐，倡导自由、平等、公正、法治，倡导爱国、敬业、诚信、友善，积极培育和践行社会主义核心价值观。"这一论述明确了社会主义核心价值观的基本理念和具体内容以及现实着力点，是对社会主义核心价值体系建设的新部署、新要求。正确理解社会主义核心价值观的内涵，不仅对国家和社会的长期稳定发展具有重要意义，而且对当代大学生的价值观、人生观的培养也有巨大的指导作用。深刻理解社会主义核心价值观，有利于大学生确立明确的人生目标。

社会主义核心价值观分为国家、社会和公民个人三个层面：从国家层面看，"富强、民主、文明、和谐"重在强调要树立爱国意识和远大的人生目标；社会层面的"自由、平等、公正、法治"则重在强调要重视个人社会价值的实现，遵守道德底线，做一个文明的中国人；公民个人层面的"爱国、敬业、诚信、友善"则重在强调要不断提升自身的素质和能力，为祖国和社会建设贡献自己的力量。不管从当代大学生社会主义核心价值观教育的必要性，还是从未来中国发展的方向上看，培育社会主义核心价值观都是大势所趋。

社会主义核心价值观蕴涵的意义十分丰富，不仅有利于全党和全国人民树立正确的价值观，保证中国持续、稳定地前进和发展，同时对大学生的成长和发展意义也十分重大。

第一，社会主义核心价值观是对马克思主义的继承和发展，有利于增强中华民族的凝聚力和向心力。马克思主义是科学的世界观和方法论，而社会主义核心价值观就是在坚持马克思主义的基础上，对其进行进一步的完善和发展，使其成为中国未来发展的指导性理论。随着近年来我国经济的迅速发展，人们的价值观念和思想活动受到了巨大的冲击，各种价值观念和社会思潮涌动。在这种思想多样、价值多元的条件下，更要大力提倡社会主义核心价值观，以此凝聚全国人民的共同价值追求，在全社会形成价值共识和思想共鸣。对于大学生而言，社会主义核心价值观有利于帮助其形成正确的人生观和价值观。

第二，社会主义核心价值观为大学生更加有效地应对西方错误价值观的冲击提供了强大的理论武器，坚定大学生走社会主义道路的决心。过去，一些人常常把自由、民主、平等这些概念当作资本主义的"专利品"，认为它们是资本主义的价值观，其实这是一种完全错误的认识。部分西方国家也正是利用了这一点来攻击社会主义意识形态和先进文化，这方面教训深刻。社会主义制度是迄今为止人类社会最先进的社会制度，只有社会主义的民主、自由和平等才是真正科学意义上的民主、自由和平等，大学生一定要坚定不移地相信和坚持发展社会主义核心文化。

第三，社会主义核心价值观有利于引导大学生走出自身价值困境。当代大学生的价值观具有非常鲜明的时代特征，大体可以概括为既崇尚真善美的精神境界和高尚人格，又注重现实、讲求个人实惠和注重物质利益；虽憎恨贪婪与不道德，却宽容自己的放纵；既倾向于自立自强，又依赖他人；既痛斥腐败现象，又对扭转这种现象没有信心，产生困惑。因此，社会主义核心价值观为大学生价值观建构提供了依据，对大学生未来的发展具有指导性的重大意义。

第二章 新时代大学生价值观的多元化解析

第一节 价值观视域下的多元化

改革开放以来，我国社会思想文化、价值观念呈现出多元化的发展趋势，马克思主义在意识形态的主导地位受到冲击，当代大学生正处于社会意识多元、利益冲突多发、社会变动剧烈、社会矛盾凸显的转型期，对社会主义核心价值观的认知、认同和践行经受着多元化的冲击和社会环境的影响。

一、多元化和价值观

1.多元化及价值多元化

多元化指由单一向多样发展，由统一向分散变化；或者指多样的，不是集中统一的。价值多元化，是价值主体凸显的结果，指人在社会生活中存在多种意义，实质是容纳不同的价值标准与追求。所谓价值多元化，就是承认并尊重人在社会生活中多种多样的存在意义。价值的多元化是时代与个体发展的必然趋势和结果。在很长的时间里，个体被巨大的意识形态所笼罩，自身的特征与个性显露不出来。但随着时代的发展，个体真正成为价值的主体，不同主体的需要就使价值观呈现多元化倾向。

2.多元化的表现

经济全球化和改革开放打破了我国传统的一元化格局，社会结构、思想观念、利益格局、文化等方面也发生了巨大改变，我国社会环境呈现出多元化态势。

第一，文化多元化已然是时代的重要特征。文化是一种社会历史现象，是社会历史的积淀。自然界与人类社会都呈现出多元化的特点。自然界正是因为物种的多样性才千姿百态、生机盎然，人类社会因为不同国家、不同民族的多样文化才富有魅力。文化多元化是指一个国家或一个民族在社会发展的过程中，形成的以本民族文化为主流，多种文化并存、交融和共同发展的状态和趋势。文化多元化已是客观现象，21世纪的今天，不同文化之间的并存与交融更是时代发展的重要特点。在多元文化发展的进程中，本土主流文化通过与其他文化的碰撞融合，可以吸收有利于自身发展的因素，取长补短，保持蓬勃生机与旺盛的生命力。所以，多元文化并存不是文化发展的阻碍，而是文化发展的重要契机与动力。文化的跨国界、全球性流动是不可阻挡的态势，尤其是在文化相互交流、吸收、融合的全球化背景下，文化多元化的趋势更加明显，如外来文化与本土文化、传统文化与现代文化、陆地文明与海洋文明相互影响，共存共荣。鉴于此，必须自觉提高文化自信，以积极和开放的心态迎接外来文化的挑战和现代文明的冲击。

第二，社会思潮多元融合态势发展迅猛。随着经济全球化，国家与国家间的交往日益密切，各种不同文化、文明、意识形态、价值观等也对本国文化产生了重要影响，促使不同思想意识形态交流交融。当前影响我国的思潮众多，这些思潮虽然在不同阶段的社会存在状况有所不同，但处于转型期的当代中国是古今中外各种社会思潮的汇集点，社会思潮呈现出空前的复杂性和多样性。

第三，价值观念多元。当前价值观多元化的现实，从中国自身分析，主要是在社会经济转型的过程中，出现了许多新的阶层和不同的利益主体，因而体现其不同诉求的思想文化观念必然在经济社会存在的基础上产生，并由此获得比较合理的价值定位。手机、电脑等新媒体的迅速发展与应用，使得信息的沟通交流日益快捷，可以通过多样方式接触多种文化形式，促进了多元价值观念的发展。随着改革开放和经济全球化，与西方科学技术一道涌入的还有西方社会的一些价值观念，如个人主义、功利主义、拜金主义、物质主义、享乐主义等，马克思主义与非马克思主义在价值层面冲突碰撞，抢夺阵地，意识形态领域出现了一元主导和多元并存的错综复杂局面。

3.价值观形成与多元化

大学生价值观的形成是内外因共同作用的结果，内因是大学生价值观形成和发展的根据，外因是其形成和发展的条件，外因通过内因起作用。诸多研究者认为个体价值观的形成和发展都是内外因素交互作用的结果，价值观的形成有两个前提条件，即需要和自我意识。需要是价值关系形成的主体依据，自我意识是关于主体自身存在的意识。从个体心理机制看，价值观的形成经过了个体从需要到认同，再到内化的过程。大学生价值观的形成不是思辨的、抽象的，而是实践的，需要大学生注重社会实践能力。具体来说，一是树立大学生价值主体意识，培养价值选择能力，知道"谁"在选择，选择什么。树立主体意识的实质是培养大学生的实践能力与责任能力，将大学生价值观教育转变成价值引导下的自主建构。二是树立大学生价值认同意识，建立在价值主客体之间、在价值行动的对象上，寻找共同的价值观，培养个体与整体相融合的认同品质。三是树立大学生价值交流意识，培养大学生多元文化价值观相互交流、合作共赢的意识。

二、多元化给大学生价值观培育带来的影响

社会发展呈现出的多元化客观趋势，给高校的思想政治教育、思想政治理论课和处于价值观形成与确立关键时期的大学生群体都带来了巨大影响。其中，日益多样的价值观教育内容对锻炼大学生价值甄别能力有积极影响，也有诸如高校思想政治教育工作影响力和实效性趋向弱化、思想政治理论课针对性和导向性不强以及大学生价值选择困惑与迷茫等问题，可谓机遇与挑战并存。

1.对高校思想政治教育工作的影响

高校承担着立德树人教育的根本任务，要培养合格与优秀的社会主义人才，思想政治教育工作尤为重要。随着文化多元化的发展，国外一些先进的育人模式、教学理念与丰富的教育实践丰富了我国思想政治教育的资源，开拓了思想政治教育工作的思路与路径。多元文化并存的现实为高校思想政治教育工作带来崭新思路，推动传统高校思想政治教育工作方式的转变。文化的多元化给高校思想政治理论课带来新气象：在教学内容上，可以与时俱进，兼收并蓄其他多样文化，丰富价值观教育的内容，为大学生提供更多学习和交流的机会；在教学效果上，多元文化的冲突、碰撞和交融，价值观教育内容的丰富多彩，方式的灵活多样，有助于提高课堂教学效果；在教学方法上，可以采取立体式、多媒体、互动式等方式方法；从教学过程来说，将多元文化教育与大学生课堂所学理论知识相互结合，可以拓展课堂教育的广阔空间。

文化多元化的消极影响主要是给思政工作增加了难度，难以实现预期目标。文化多元化带来了价值观的多元化，诸如贪图享受、自私自利、消极颓废等错误的价值观给处于价值观确立关键期的大学生带来困惑、迷茫。担负

着马克思主义意识形态、价值观教育重任的高校思想政治教育也遭遇困境，究其原因，主要是未能圆满解决现实问题，在教育理念、德育模式等方面与时代脱节，与大学生思想实际脱节。

2.对大学生主体的影响

高校大学生是思维活跃、乐于创新、易于接受新事物的特殊群体，他们对社会的热点与现实问题更为敏感。多元文化碰撞、交流和融合的趋势，可以锻炼大学生的智力，提升大学生对社会的理解能力。中西方在价值观念与主流意识形态方面是冲突的，甚至是对立的，但正是这种价值观冲突、对立、碰撞的客观现实，教会了大学生如何通过自身的体验学会勇敢面对和正确选择。

文化多元化带来的价值观多元化一方面给大学生主体带来更多自主选择的权利，另一方面也给人生观、价值观尚未成熟的他们带来选择的困惑和迷茫。相互冲突甚至对立的多元化价值观导致他们在精神家园中迷失方向，在理想和现实间徘徊。比如面对老人跌倒了扶不扶、公交车上该不该让座等简单问题表现出的迟疑、困惑和迷茫。价值观是一个国家文化的核心与灵魂，文化多元化的实质就是价值观、思维方式的多元化。大学生面临着多元化价值观选择的困惑：有的大学生盲目崇拜西方文化，认为西方的一切都比中国好，全盘接受西方的价值观；也有的大学生一味排斥，全盘否定西方文化。在社会发展多元化的宏观背景下，大学生价值观念和价值取向的不稳定性和矛盾性，也给不良文化和有毒思想的渗透、影响提供了主体性动因。不良文化和有毒思想从价值认知、价值认同、价值选择、价值践行等方面影响大学生，导致大学生怀疑马克思主义理论的科学性，造成理论的不自信，影响其对社会主义核心价值观的认同，这给大学生价值观培育带来困难。

第二节 多元化引发的价值观冲突

目前，我国正处在快速发展和转型时期，社会变化节奏加快，利益关系调整频繁，社会矛盾增多，各种社会思潮不断涌现。新时代大学生价值观呈现出多元化、生活化、现代化、自我化等新趋势、新特点。社会发展多元化给高校的立德树人教育和大学生主体都带来了巨大影响，引发的价值观冲突不可避免。如何应对社会发展多元化对新时代大学生价值观培育带来的挑战，是新时代给出的新命题。

一、价值观冲突的内涵

人类活动总是伴随着价值问题，这决定了人在反复的实践和认识中，必然会形成一定的价值观念。高校的性质与发展的需要，决定了它是各种思潮多元碰撞、形成、传播的重要场地。大学生思维活跃、容易接受新事物的特征决定了他们的价值观比其他社会群体更容易受到多元化思潮的影响。大学生价值观是对其现实价值关系的评价性反映，本质上是一种指导大学生生活的实践性观念。一般说来，人类社会只要存在差异，在交往过程中就可能出现冲突。与以往社会不同的是，在全球化浪潮的推动下，国内外的理论和实践都在飞速发展，经济文化发生着巨大变化，大学生在与多元化思潮亲密接触的同时，自身不可避免地受其影响，从而产生价值观念上的冲突。高校受社会多元化思潮影响的一个最显著特征，就是大学生价值观的转变与冲突。

大学生正处于学习文化知识，世界观、人生观、价值观的形成与发展时期，由于其身心发展特点，十分容易以开放、包容的心态接触和接受多元化的社会思潮。正因如此，多元化的社会思潮给大学生价值观带来了巨大的冲击。在这个过程中，大学生因思想观念、社会意识、价值观念等往往成为多元化思潮的易感人群，容易导致价值观冲突。由此可见，大学生价值观念冲突可以说是普遍存在的现实问题，从一定意义来说，促进了我国思想文化的发展，刺激和促进了社会的转型。但随着国际上政治多元化的影响，这种与我国主流指导思想相冲突的多元化思想也对社会主义现代化建设造成了冲击。

二、大学生价值观冲突的表现与特点

1.大学生价值观冲突的主要表现形式

当前中国社会正处在快速发展和转型时期，在传统与现代、中国与西方、计划经济与市场经济的价值观念冲突中，各种矛盾与冲突错综复杂，受多元化思潮影响，大学生价值观冲突表现出多种形式。

第一，西方价值观与中国传统价值观的冲突。由西方传入的价值观念，主要是近代西方资本主义兴起和发展过程中形成的价值观念。以西方哲学主客二分为深层意蕴的西方文化和以中国哲学天人合一观念为核心的中国文化是人类历史上形成的两大异域文化体系。在近代，由于西方列强对我国的入侵，西方的价值观念开始进入我国，而随着改革开放的推行，在引进外资、吸取资本主义国家一些先进的经营管理经验及对外文化交流的过程中，西方的价值观念对我国的影响也更为广泛。两种异域文化传统缔造了两种不同类型的文明，同时衍生了两种不同的价值观体系，西方价值观与中国的传统价值观产生冲突。

第二，传统价值观中的消极因素与社会主义核心价值观的冲突。主要表现为中国传统价值观里的一些消极因素与当前社会主义核心价值观的不一致、不协调。在新时代，某些传统价值观事实上已严重地束缚了部分人的思维，导致了部分人行为上的失范。这种冲突不仅仅是两个价值观之间的冲突，从历史发展角度看，这是时代之间的冲突和竞争，是新旧时代的多种因素在社会转型时期的激烈碰撞。时代是发展变化的，传统价值观与现代价值观的冲突也是不可避免的，现代价值观必须通过批判传统价值观为自己开辟道路。

第三，大众文化和精英文化的冲突。主要是精神文化生活领域的矛盾，表现为大众文化的泛滥和精英文化的没落。如现在某些电视节目或媒体炒作的一些选美或综艺节目，被批评为"无节操"，少数大学生对这些娱乐节目的迷恋和关注远远超过了对时政的关注。大众文化追求的是一种商业价值，而忽视人文价值，进而导致某些人形成逃避现实、掩盖矛盾、追求感官刺激的人生观和价值观。这种大众文化的出现是非常值得关注的文化现象。而精英文化是将至真、至善、至美作为最高追求，包含人类基本的价值和终极关怀，以批判的眼光对待现实，具有独创性、想象力和超越性。但由于其商业性弱、不适应市场运作，人们对其选择就少，现状自然比较惨淡。

2.新时代大学生价值观冲突的特征

第一，冲突的多样性。新时代大学生价值观冲突的表现形态纷繁复杂，纵横交错，多种多样。这反映了当代世界和中国社会正发生着深刻而巨大的变化，大学生价值观的丰富性、多样性和变化性，反映了社会开放程度的提高，可选择自由度的增大，是开放的社会由无序走向有序的转变过程在大学生价值观上的表征。同时，也给解决各种价值矛盾和价值冲突提出了难题。

第二，冲突的内生性。当前，多元化的社会思潮和社会主义核心价值体系发生矛盾，大学生从小接受的教育所形成的价值观与其接触面更为广阔后形成的价值观发生了混战。他们对新的价值观念认知能力还不够，又认为传统的价值观念束缚自己的脚步，致使大学生对善恶、价值观的判断存在疑惑。传统的、现代的，究竟采取哪种价值观念体系作为价值观念判断的准绳呢？年轻的大学生无法作出统一的、明确的回答。

第三，冲突的复杂性。大学生价值观冲突的性质错综交织，非常复杂。从马克思主义理论来看，这种价值观冲突具有自身的性质，只能具体矛盾具体分析。针对冲突本身就是矛盾的统一体而言，构成这些矛盾的方方面面都蕴含着矛盾，如大学生价值观冲突不只是对本国价值的冲突，而是具有世界性的。所以，其性质只能依据具体条件确认，不能笼统地加以肯定或否定。只有这样，才能正确、全面而具体地认识和把握现实中各种价值冲突的性质。

三、多元化下大学生价值观冲突的应对之策

从社会发展角度而言，多元化思潮引发的大学生价值观冲突并不是一件坏事，它表明整个社会环境的开放、包容。思想的丰富性、多样性体现了当代大学生勇于自强自立，乐于接受新鲜事物的特性。再者，价值冲突是客观普遍存在的，有冲突并不是坏事，但不是越多越激烈越好，关键在于如何引导大学生正确地认识它，采取必要的措施，积极朝着缓和有利的方向发展。

1.坚持马克思主义在意识形态中的核心地位

在面临多元化思潮的复杂国内外环境时，如果缺乏主导价值观，不能坚持用马克思主义中国化理论对大学生价值观进行指导、武装，那么多元化思潮导向下的价值观选择必然出现混乱，而这种混乱是我国现代化事业发展应该极力避免的。以马克思主义为指导的社会科学价值体系主导着当代中国宏观的社会、政治生活，它是中国特色社会主义现代化建设的根本保证，同时

引领着当代大学生科学运用辩证唯物主义、历史唯物主义对自身成长道路上遇到的各种困扰做出正确的思考、判断，在此基础上建立大学生特有的价值观体系，从而以其科学性、先进性带动和促进中国先进文化的发展。马克思主义的科学发展体系作为社会主义主导价值观，在引领各种多元化思潮的同时，时刻武装着大学生的思想。在当代社会转型时期，任何有悖于社会主义价值体系的，如拜金主义、享乐主义等的泛滥，必定要坚决抵制。当代大学生要勇于面对此类价值观产生的冲突，学会调整、批判，从而确保马克思主义在意识形态中的主导地位。

2.坚持正确的社会舆论导向，强化大学生社会主导价值观

在社会转型时期的多元化思潮的影响下，大学生价值观念冲突过程中，社会舆论的作用不可低估。舆论是社会公众的言论，往往折射出公众自发的价值取向。由于社会的开放性，大学生作为接触新文化、新思潮最快的一个群体，受媒体、社会舆论的影响，所奉行的价值观、为人处世的方法等也会有所不同，可以说有很多正能量的、积极进取的，但也有许多负面的、消极落后的想法。这种多元化思潮带来的大学生价值冲突给社会的稳定发展带来消极后果的现象屡见不鲜，如果不坚持正确的社会舆论导向，任由这些消极落后的价值观肆意发展，必然会导致社会混乱。历史证明，要利用社会舆论中正确的价值观对大学生价值观进行引导和调控，发挥正确舆论在社会生活中的引导作用，用科学的社会舆论、价值理论化解大学生价值观冲突问题，意义是非常重大的。

3.加强大学生价值观教育，继承和发扬中国优秀传统价值观，大胆吸收西方价值观念中的合理成分

价值观来源于社会生活，同时又对整个社会起指导作用。而价值观教育

由内到外的性质，决定了它对大学生的思想教育是进行内部的启发和引导，逐步施加系统影响，树立正确的价值观，进而转化为外在发展的自觉要求。一方面，加强大学生价值观教育，当面临多元化思潮的价值冲突时，既要保持清醒头脑，又要有魄力和勇气，必须坚持对传统价值观采取积极扬弃的态度，大胆继承和发扬中国优秀传统价值观，实现对传统价值观的革故鼎新。因此，作为祖国未来栋梁的大学生要大胆吸收世界范围内价值观念中的合理成分，彻底摒弃多元化思潮中的糟粕，并自我创造、吸收转化，为我所用。

总之，在当前经济全球化和政治多极化，我国改革开放和经济现代化的发展过程中，多元化思潮的交流、交融和交锋给大学生价值观带来的冲突是不可避免的。作为大学生成长成才引导主力的高校必须科学辩证地看待这一现象，以社会主义核心价值体系引领大学生积极、正面地看待多元化趋势。同时，认真研究和应对大学生价值冲突问题，推动中国特色社会主义现代化事业顺利进行。

第三节　新时代大学生价值观的现状

一、新时代大学生价值观的调查

随着社会经济的不断发展，全球化进程与多元文化交融加剧，我国广大人民的物质生活水平持续提升，个人对物质利益和美好生活追求的合理性与合法性得到了承认和肯定。在这样的时代背景下，大学生们的思想及其价值观受到了前所未有的冲击。他们一方面认为这样的社会环境给自己创造了良好的机遇和挑战，另一方面却又对这种机遇和挑战产生了畏惧感。与此同时，当代大学生价值观的形成还受到家庭、学校氛围的影响。一般来说，大学生的价值观有其时代的特征，但由于个体所处的境遇不同，不同大学生的价值观也会出现部分差异性，甚至存在问题。为了更具体地分析新时代大学生价值观的现状，苏州大学文正学院做了一次调查问卷，问卷样本如下：

新时代大学生价值观调查问卷

编号： 性别： 年级： 系科：

1.你上大学的目的是什么（ ）

A.拿到文凭，找份好工作

B.考研，在学业上继续发展

C.寻找和培育爱情

D.报答父母的养育之恩

E.为社会与国家做贡献

F.其他

2.你的人生目标是什么（ ）

A.事业成功

B.婚姻美满，家庭幸福

C.服务和奉献社会

D.做自己喜欢的事

E.暂时没有目标

F.其他

3.你觉得个人价值如何实现（　　）

A.靠自己的努力

B.靠家人、朋友的帮助

C.靠国家和社会

D.靠运气

E.听天由命

F.其他

4.你的人生信仰是什么（　　）

A.共产主义

B.集体主义

C.实用主义

D.利己主义

E.享乐主义

F.其他

5.陌生人生病需要帮助，你会不会给他捐款（　　）

A.会毫不犹豫

B.如果是一个学校或一个社区的，会给予力所能及的帮助

C.不会，骗子太多

D.不确定，看具体情况而定

E.不愿意

F.其他

6.遇到坏人作恶，你会见义勇为吗（　　）

A.会

B.在确保个人安全的情况下会

C.在个人能力范围内会

D.不会，自己没有这个能力

E.不会，不愿意给自己添麻烦

F.其他

二、新时代大学生价值观的现状分析

本次共发出问卷 550 份，收回问卷 545 份，其中有效完成的、计入统计的问卷 521 份。有关情况分析如下：

1.在被调查的学生中，关于上大学的目的是什么，选项 A 是"拿到文凭，找份好工作"，选择的同学占比为 37.6%；选项 B 是"考研，在学业上继续发展"，占比为 32.9%；选项 C 是"寻找和培育爱情"，占比为 8.2%；选项 D 是"报答父母的养育之恩"，占比为 12.2%；选项 E 是"为社会与国家做贡献"，占比为 5.2%；选项 F 是"其他"，占比为 3.9%，其他原因有成就更好的自己、不清楚等。其中，选 A、B、C 三个选项的是从个体价值出发的，选报答父母的是从家庭利益出发的，选为国家做贡献的显然是最高层面的，而选其他原因的也有一定的占比。三个选项的选择比例，反映出部分大学生的价值选择遵循的是"修身、齐家、治国、平天下"，当然这三者是相互联系、可以齐头并进的。大学生以"拿到文凭，找份好工作"和"寻找和培育爱情"作为学习的动力源，反映出大学生价值观取向的现实性与功利性的特点；选择"考研，在学业上继续发展"和"为社会与国家做贡献"的也占有比较大的比例，说明新时代部分大学生在追寻与时代的契合点，使潮流和个性紧密结合；而其他原因占 3.9%；说明了新时代大学生价值取向的个性化和多元化趋势。

2.关于大学生的人生目标是什么，选项 A 是"事业成功"，选择的同学占比为 51.9%；选项 B 是"婚姻美满，家庭幸福"，占比为 22.9%；选项 C 是"服务和奉献社会"，占比为 12.5%；选项 D 是"做自己喜欢的事"，占比为 5.9%；选项 E 是"暂时没有目标"，占比为 3.2%；选项 F 是"其他"，占比为 3.6%，其他的人生目标包括实现个人财务自由、随遇而安等。调查结果显示，"事业成功"成了大多数学生首选的人生目标，其次为"婚姻美满"，而"奉献社会"仅排在第三位，选项 D、E、F 也占有一定的比例。这说明大学生在确立人生目标时，往往把事业成功作为主要目标，从而实现个人价值；而中国传统文化中的家庭责任在新时代大学生中也占有较高的比例，说明传统的家文化在新时代大学生中依然有较高的影响力；而把"服务和奉献社会"作为人生首选目标的也有相当的比例，说明新时代大学生的价值取向也有较为乐观的一面；而选项 D、E、F 也有一定比例，说明新时代部分大学生价值取向呈现自由主义、拜金主义和迷失主义趋势。

3.关于个人价值如何实现，选项 A 是"靠自己的努力"，选择的同学占比为 53.1%；选项 B 是"靠家人、朋友的帮助"，占比为 26.9%；选项 C 是"靠国家和社会"，占比为 9.2%；选项 D 是"靠运气"，占比为 4.2%；选项 E 是"听天由命"，占比为 1.2%；选项 F 是"其他"，占比为 5.4%，其他方式有靠贵人提携、很迷茫、觉得自己不行、不清楚等。其中有半数以上的大学生选"靠自己的努力"，说明当前大多数的大学生相信通过个人努力是可以实现个人价值功的；也有超四分之一的大学生选择了"靠家人、朋友的帮助"，说明实用主义在新时代大学生中也有非常大的影响力；选择"靠国家和社会"来成就自己也有近百分之十，说明新时代部分大学生把个人的前途命运融入国家和社会发展大势的意识在增强，并且有很大的发展和提升的态势；还有超百分之十的大学生选择了 D、E、F 三个选项，也反映了在大学生群体中存在机会主义、颓废主义、迷失主义和现实主义的多元思潮。

4.关于人生信仰是什么,选项 A 是"共产主义",选择的同学占比为 11.9%;选项 B 是"集体主义",占比为 16.8%;选项 C 是"实用主义",占比为 57.5%;选项 D 是"利己主义",占比为 6.4%;选项 E 是"享乐主义",占比为 2.7%;选项 F 是"其他",占比 4.7%,其他的内容包括不太懂、不清楚、没想好等。调查结果显示,一半以上的学生选择了"实用主义",说明多数大学生的思维方式已经发生了根本性转变,从重理想转为重实际;选择"共产主义"和"集体主义"的只有四分之一左右的大学生,"集体主义"的认可度要略高于"共产主义",说明部分大学生更注重从个体自身的理解和体会去做选择,多从自身的成才、发展需要出发,而很少从国家和社会的需要出发进行选择;同时"利己主义"和"享乐主义"也占有一定的比例,进一步说明新时代部分大学生的价值取向正在经受西方不良思潮的影响和侵蚀,这样的调查结果也让人们感受到新时代大学生中存在着"信仰危机";其他原因的占比也说明在对新时代大学生群体个人信仰的教育和引领方面,高校面临诸多工作缺失和挑战。

5.关于"陌生人生病需要帮助,你会不会给他捐款"这个具体事例的调查情况,选项 A 是"会毫不犹豫",选择的同学占比为 6.3%;选项 B 是"如果是一个学校或一个社区的,会给予力所能及的帮助",占比为 41.9%;选项 C 是"不会,骗子太多",占比为 27.8%;选项 D 是"不确定,看具体情况而定",占比为 15.6%;选项 E 是"不愿意",占比为 6.7%;选项 F 是"其他",占比为 1.7%,其他的内容包括没遇到过、没想好、我没有挣钱等。调查结果显示选择 A、B 三项的占比近百分之五十,说明大部分大学生在一定条件下都会给予力所能及的帮助;选择 A 和 E 选项的人数相差无几,说明这个事例在大学生群体中存在分歧;选项 C 有近百分之三十的人选择,说明社会环境对大学生价值观的影响较大;选项 D 有超百分之十五的人选择,说明一些大学生对这类具体事例的判断还处于比较模糊的认知状态；选项 F 只有很少的人选择，说明部分大学生对价值判断有自我中心化的倾向。

6.关于"遇到坏人作恶，你会见义勇为吗？"这个具体事例的调查情况，选项 A 是"会"，选择的同学占比为 5.3%；选项 B 是"在确保个人安全的情况下会"，占比为 41.2%；选项 C 是"在个人能力范围内会"，占比为 17.6%；选项 D 是"不会，自己没这个能力"，占比为 25.6%；选项 E 是"不会，不愿意给自己添麻烦"，占比为 6.4%；选项 F 是"其他"，占比为 3.9%，其他的内容包括会帮助叫警察、会叫人、没遇到过、会悄悄躲开、跟我无关等。调查结果显示，选择 A、B、C 三项的占比百分之六十多，说明大部分学生在是非观上是积极向上的，主流价值观在新时代大学生群体中依然占主体地位；选项 D 和 E 有百分之三十多的人选择，说明当前部分大学生以自我为中心对事物做选择和判断的倾向已渐成常态，也更要求高校教育工作者在价值观和思想引领的过程中必须关注和围绕学生主体的思和想；选项 F 有 3.9%的人选择，虽然其中有一些观点可以归纳到前几个选项中，但依然可以看出一些大学生对是非判断有模糊化的倾向。

以上几个问题的调查结果充分反映了大学生在价值观的判别与选择上存在自我中心化和多样性，也反映了大学生群体在价值观方面存在明显的差异。从价值观的形成来说，大学生正处于价值观形成的关键时期，他们的价值选择与追求，体现出他们以什么样的态度对待生活与人生。大学生的价值观蕴含着学习观念、人生目标、人生态度与理想信仰等，并且这些方面与大学生大学期间的生活比较密切。从人生的阶段性而言，大学生正处于从青年向成年的过渡转换阶段，正是价值观形成的关键时期，其价值观一旦形成将不容易改变，就具有相对稳定性。

第四节 多元化背景下
大学生社会主义核心价值观构建

当前，我国正面临着各种思想文化交融交锋、思想意识多元多变、多种价值观较量抉择的新特点、新情况和新常态。社会主义核心价值观是我国民族文化基因与中国特色，是中华民族团结奋斗的最大公约数，起着精神旗帜、文化导向、凝聚共识、同心实现中国梦的重要作用。大学生是祖国和民族的希望，肩负重任，责任重大。高校思想政治教育更应对处于价值观确立重要期的大学生加强引导，用社会主义核心价值观武装他们，使其直面文化多元化与价值观多元化的现实，直面挑战。

一、多元化背景下大学生社会主义核心价值观培育的意义

当前，社会价值观多元化的态势既有积极影响，也有消极影响；既有机遇，也面临挑战。并且，社会价值观多元化的态势在一定程度上也反映了社会主义核心价值观在价值观引导上的乏力。鉴于此，加强对新时代大学生社会主义核心价值观的培育对社会长远发展与个人健康成长都有重要意义。

1.紧迫性和必要性

第一，应对西方文化和价值观念冲击的需要。资本主义价值观念、社会思潮、文化形态的不断渗透，虽然在一定程度上刺激了我国文化的繁荣，但

其带来的冲击和挑战也是不容忽视的。社会主义文化和价值理念不断受到挑战，资本主义腐朽文化时刻不忘腐蚀大学生的认知，个人主义、功利主义、拜金主义等错误思潮也不断影响大学生价值观的塑造。因此，加强整个社会尤其是大学生群体对社会主义核心价值观的认知、认同、践行，保护文化的民族性和独立性，对于抵制资本主义意识形态的演变、塑造科学的价值观念至关重要。

第二，统领、整合多元文化和思潮的需要。当前，我国思想文化领域总体呈现出"一心多边、多元共存、相互占领"的复杂局面，以马克思主义为指导的社会主义核心价值观虽然仍处核心地位，但其一元主导地位频受各方思潮和价值的冲击。

第三，大学生自身全面发展的现实需要。实现人的自由全面发展不仅是社会主义的内在要求，也是大学生自身成长的现实需要。当前，高素质的人才不仅需要具备扎实的专业知识、突出的实践能力与较强的适应性，更需要树立正确的世界观、人生观、价值观。核心价值观体现着大学生的理想与追求，影响着他们的思想观念、行为模式和人生态度，对他们的主体行为有着强烈的导向作用。把社会主义核心价值观的培育与促进大学生自身全面发展有机结合起来，通过培育社会主义核心价值观，提升大学生对社会主义核心价值观的认同，帮助大学生养成良好的行为习惯，使之更好成长、全面发展。

2.科学性和重要性

第一，助力高校改进思想政治工作。当前高校思想政治工作方法中，传统的工作方法和手段仍然占据主流。部分高校思想政治工作内容缺乏创新，教育手段仍以传统的灌输式教育为主，实际效果大打折扣；教育内容也仍以政治理论与意识形态教育为主，缺乏针对性、吸引力和创新性。尤其是在多元化态势越发显现的时候，高校的思想政治工作远滞后于社会文化、价值的变化，因此在整个社会推进社会主义核心价值观的情况下，推进高校思想政治工作与社会环境及价值观念相一致，推进其时代化、创新化、人本化转型，使之更具针对性，更显科学性，更有时效性。

第二，促进和谐校园文化建设。高校是交流思想、传播知识、培育人才、发掘真理、探求未知的文化摇篮，同时也是多元价值观念、社会思潮、文化形态传播的重要场所。如果没有核心主导、强势引领、积极向上、科学崇新的校园精神和氛围，高校将难以培养出政治素质合格、专业素质过硬的优秀人才。所以，高校在大力宣传社会主义核心价值观，促进其走进报刊、走进宿舍、走进课堂、走进大学生的日常生活与学习的同时，也造就了一个和谐的、健康的校园文化氛围。

第三，为中国特色社会主义事业提供人才支持。大学生的思想政治素质是否合格，关系着国家的前程和民族的命运，关系到社会主义现代化能否顺利完成，关系到中华民族的伟大复兴和中国梦的实现。新中国成立以来，党和人民的事业之所以能持续不断地向前迈进，其中一个很重要的原因是培养了一大批合格的建设社会主义的"四有"新人。要把大学生培育成合格的社会主义建设者和接班人，核心任务是保证大学生有坚定的政治理想信念。践行社会主义核心价值观可以帮助大学生构建正确的、符合党和国家要求的世界观、人生观、价值观，进而坚定他们的共产主义信念，加强他们理解、执行党的基本路线、方针和政策的自觉性和能动性，更好地投入中国特色社会主义事业之中。

二、多元化背景下大学生社会主义核心价值观培育的痛点

1.对建设富强民主文明和谐美丽的社会主义现代化强国普遍认同，但存

在马克思主义信仰缺失、理想信念淡化倾向。一方面，当代中国最鲜明的特点就是改革开放。改革开放极大地解放和发展了社会生产力，不断冲破束缚生产力发展的各个方面，推动我国建设富强民主文明和谐美丽的社会主义现代化强国，助力早日实现中华民族伟大复兴的中国梦。作为一种国家层面的价值观念，当代大学生对此普遍认同，对整合和引导多元化的社会价值观念有积极作用。另一方面，当代大学生好奇心强，乐于接受新事物，在全球化背景下，西方社会的价值观念、意识形态长驱直入，一些大学生开始向往西方文明，信奉西方民主及所谓的"普世价值"，马克思主义在意识形态的一元主导地位受到严重挑战，造成一些大学生奉行"马克思主义无用论""马克思主义过时论"，转而对西方价值观念产生认同，开始崇拜资本主义，信奉"普世价值"，对实现中华民族伟大复兴的中国梦，对社会主义的前途和命运，对共产主义的最高理想感到困惑和迷茫。

2.对建立自由、平等、民主、法治的社会主义和谐社会普遍认同，但存在价值观念多元化、人生理想功利化倾向。一方面，建设社会主义和谐社会是我们共同的梦想。自由，马克思称之为普遍的"人类精神的特权"。恩格斯提出，社会主义是人类从必然王国进入自由王国的飞跃。对于民主，马克思主义认为平等不仅是表面的，在国家的领域中实行，它还应当是实际的，在社会的、经济的领域中实行。只有社会主义才是真正平等的社会，才能实现人的平等。民主则与自由相伴，自由是民主的基础，民主是自由的保障。建设自由、平等、民主的社会主义和谐社会更离不开法治的保障，加快建设社会主义法治国家，全面推进依法治国是全民的呼唤，是我们在长期社会建设中达成的共识。另一方面，在网络文化的熏陶下，大学生的价值理念呈现出功利化倾向，尤其是西方文化的长期渗透，一定程度上使得崇尚个性自由的大学生在价值观上无所适从，造成价值观念的多元化、功利化。在理想追求上，这些大学生由于理想信念淡薄，过分注重自我价值而忽视社会责任，缺乏集体主义意识，在市场经济的影响下，攀比心理滋生，享乐主义、消费主义开始盛行，人生的理想和追求建立在满足自己而忽视对社会、对他人应尽的义务。

3.对塑造爱国、敬业、诚信、友善的社会主义精神风貌普遍认同，但存在精神面貌扭曲、道德言行不一倾向。一方面，爱国、敬业、诚信、友善是社会主义核心价值观在道德准则上的体现，涵盖着社会公德、职业道德、家庭美德和个人品德等各个方面，对于大学生精神面貌、道德品格、行为规范有很强的指导性和塑造性。另一方面，部分大学生由于对社会了解不够深入，年轻气盛，缺乏理性，认为"天下乌鸦一般黑"而对所有官员都产生偏见；热爱祖国却又对爱国主义认知模糊，失去理性和尺度；希望诚信做人，却又在利益面前失去原则，得过且过，陷入实用主义；希望友善地与人交往，却又在为人处世中以自我为中心，奉行个人主义，心胸狭隘，缺乏宽容；作为学子，身处课堂，却又身在教室心在外，无法一心一意地对待学习。加强大学生社会主义核心价值观的培育的一个重要目的就是改善大学生的精神风貌，扬正气、树新风，使大学生在行为规范上做到知行合一。

三、多元化背景下大学生社会主义核心价值观培育的路径

新时代大学生正处于社会意识多元、利益冲突多发、社会变动剧烈、社会矛盾凸显的转型期。多元化的实质是价值观的多元化，要积极培育和践行社会主义核心价值观，应对社会发展多元化挑战。加强大学生对核心价值观的认同和践行，对转型期的中国社会发展与稳定有着非常重要的作用。多元化背景下，大学生社会主义核心价值观培育可以从以下几个方面着手。

1.做好社会主义核心价值观的制度保障

社会主义核心价值观从顶层设计、政策出台到媒介宣传、个人响应再到最后社会践行，每个环节都离不开一套有效的体制机制。因此，要加强整个社会的制度建设，最终建立起完备的彰显社会主义核心价值观的体制机制。第一，要把社会主义核心价值观的理念融入中国特色社会主义"五位一体"的发展格局当中；第二，要把社会主义核心价值观的践行融入高校人才培养的体制机制当中。只有方方面面体现出社会主义核心价值观的价值理念和价值追求，社会主义核心价值观才能成为"有形"的、"活"的东西，才不至于沦为一种虚无的观念上的附属物。

2.做好社会主义核心价值观的舆论引导

媒体舆论是宣传和培育社会主义核心价值观的有效载体，对大学生的精神风貌和社会风尚具有潜移默化的影响。因此，要充分利用各种媒介，大力宣传社会主义核心价值观，弘扬社会正气，聚焦社会正能量。一方面，通过广播、报纸、电视等媒介，客观报道符合社会主义核心价值观的行为和事迹，引领社会风气，凝聚强大的社会力量。另一方面，用社会主义意识形态和价值观念抢占网络舆论的制高点。建立一批有质量、有特色、有层次，并为大学生所喜闻乐见的网站作为网上社会主义核心价值观的教育基地。"将马克思主义指导思想贯穿于理论网站的每个版块"，将践行社会主义核心价值观的模范人物及其先进事迹挂在网站主页上，作为网站宣传的重点内容。

3.做好社会主义核心价值观的思想政治教育

思想政治教育是培育大学生社会主义核心价值观理念的关键环节。具体可以从以下几个方面展开：第一，加强高校教育者思想政治教育。邓小平同志曾指出，一个学校能不能为社会主义培养合格的人才，培养德智体全面发展、有社会主义觉悟的有文化的劳动者，关键在教师。因此，"教育者本人一定是受教育的"，必须做到思想明确、政治坚定。第二，改进高校思想政治教育工作。思想政治专业教师和其他任课教师要创新思想政治课堂教育模式，"在不改变其特有的政治背景的情况下，从形式上、策略上淡化其政治色彩"；教务处从选修课、专业课、基础理论课等课程的安排上体现出社会主义核心价值观的理念，做到灵活性、多样性与原则性的统一；社会科学处、学生处等职能部门筹划一些有关社会主义核心价值观的学术讲座和论文征文活动；党委组织部、宣传部等部门大力宣传高校践行社会主义核心价值观的典型人物和事迹。第三，通俗化社会主义核心价值理念，用通俗易懂、符合大学生口味的方式、方法诠释社会主义核心价值观。

4.做好社会主义核心价值观的校园文化熏陶

人创造环境，同样，环境也创造人。一个好的校园文化，"不仅是学校的精神气质的表现，更能对师生精神的塑造产生潜移默化的影响"。作为培养大学生社会主义核心价值理念的前沿阵地，校园文化建设必须"营造和渲染崇尚理论、学习理论、钻研理论的浓厚氛围，充分发挥校园文化和校园环境的熏陶作用"，用马克思主义理论和价值观占领校园文化的制高点。第一，用社会主义核心价值观引领校园文化建设；第二，利用大学校报、宣传栏等传统媒介，积极宣传社会"正能量"，及时用马克思主义的立场、观点处理校园突发事件，避免对大学生产生不利影响；第三，利用知名学者、借助高校平台及时开展相关讲座和学术研讨会；第四，发挥高校理论社团和党团组织的模范带头作用。

5.做好社会主义核心价值观的大学生思想认同

营造整个社会践行社会主义核心价值观的良好风尚的前提是公民个人对

核心价值观的认同。当前高校，大学生群体或多或少出现了政治信仰迷茫、理想信念模糊、价值取向扭曲、诚信意识淡薄、社会责任感缺失、艰苦奋斗精神淡化、团结协作观念较差、心理素质欠佳等问题。鉴于此，有必要强化大学生对社会主义的认同度。第一，加强对科学社会主义理论的学习，用马克思主义理论和中国化的马克思主义理论体系武装自己的头脑；第二，要提高自身的人际交往能力，建立良好的人际关系；第三，"见贤思齐，见不贤而内自省也"，磨炼自身意志，提高自身修养。

6.社会主义核心价值观要在社会实践中养成

社会实践是培育大学生社会主义核心价值观的有效途径。一方面，大学生在学习之余，要自觉参加课外实践活动。将课堂学习与社会实践结合起来，把知识融入实践中，用知识指导实践，用实践检验所学知识。积极参加各类红色主题教育活动，参加志愿服务和献爱心活动，通过实践，提升对社会的认知，加强对党和国家方针、政策的了解，增强社会责任感和集体荣誉感。另一方面，高校应积极引导大学生参加社会实践。各高校要根据教育环节和学校实际情况，创新实践活动内容和方式，制定符合大学生人才培养的体制机制，形成切实可行的有利于大学生社会主义核心价值观培育的实践活动方案和课题立项。在高校和大学生的共同推动下，在服务他人、奉献社会的过程中，培养大学生良好的社会品格和精神风貌。

社会发展多元化，既有积极作用，也有消极影响，既有机遇，也面临挑战。如何贯彻落实习近平总书记强调的"青年的价值取向决定了未来整个社会的价值取向，而青年又处在价值观形成和确立的时期，抓好这一时期的价值观养成十分重要"，因此要坚持由易到难、由近及远，努力把核心价值观的要求变成日常的行为准则，进而形成自觉奉行的信念理念，增强新时代大学生对社会主义核心价值理念的认知、认同，培育和践行社会主义核心价值观。

第三章 新时代大学生思想引领的基本理论

第一节 新时代大学生思想引领概况

党的十九大站在历史和时代的高度，深刻阐释了习近平新时代中国特色社会主义思想。用习近平新时代中国特色社会主义思想引领新时代大学生，是新时代的呼唤，是高校立德树人工作的历史责任和使命担当。

一、新时代大学生思想引领的缘起

习近平总书记在十九大报告中指出，经过长期努力，中国特色社会主义进入了新时代，这是我国发展新的历史方位。中国特色社会主义进入新时代这一重大政治判断，具有丰富的内涵和划时代的意义，为高校思想政治教育工作提出了一个新的时代命题。党的十九大报告中提出的新表述、新论断、新思想，为新时代高校大学生思想引领提供了根本遵循，也给新时代高校大学生思想引领提出了新的挑战和新的要求。

2019年2月，中共中央、国务院印发的《中国教育现代化2035》中面向教育现代化提出了十大战略任务，其中第一条就是：学习习近平新时代中国特色社会主义思想。把学习贯彻习近平新时代中国特色社会主义思想作为首要任务，贯穿到教育改革发展全过程，落实到教育现代化各领域各环节。以习近平新时代中国特色社会主义思想武装教育战线，推动习近平新时代中国特色社会主义思想进教材进课堂进头脑，将习近平新时代中国特色社会主义思想融入中小学教育，加强高等学校思想政治教育。加强习近平新时代中国特色社会主义思想系统化、学理化、学科化研究阐释，健全习近平新时代中国特色社会主义思想研究成果传播机制。

2019 年 4 月 30 日，习近平在纪念五四运动 100 周年大会上对青年人提出殷切期望，其中指出："新时代中国青年要树立远大理想。青年的理想信念关乎国家未来。青年理想远大、信念坚定，是一个国家、一个民族无坚不摧的前进动力。"另外还指出："新时代中国青年要自觉树立和践行社会主义核心价值观，善于从中华民族传统美德中汲取道德滋养，从英雄人物和时代楷模的身上感受道德风范，从自身内省中提升道德修为，明大德、守公德、严私德，自觉抵制拜金主义、享乐主义、极端个人主义、历史虚无主义等错误思想，追求更有高度、更有境界、更有品位的人生，让清风正气、蓬勃朝气遍布全社会！"

高校思想引领要体现育人功能，要面向全体学生，帮助学生形成正确的世界观、人生观、价值观，提高道德修养和精神境界，养成科学思维习惯，促进身心和人格健康发展。习近平新时代中国特色社会主义思想，为高校开展思想政治工作提供了根本遵循和行动指南，也赋予了新时代大学生思想引领的全新内涵。

二、新时代大学生思想引领的内容

关于新时代大学生思想引领的内容，可以从三个方面来解读：用什么思想来引领新时代大学生？为什么要做好新时代大学生的思想引领？新时代大学生思想引领的挑战是什么？

首先，用什么思想来引领新时代大学生。习近平总书记在全国教育大会上强调，要坚持中国特色社会主义教育发展道路，坚持社会主义办学方向，培养德智体美劳全面发展的社会主义建设者和接班人。高校要始终围绕培养什么人、怎样培养人、为谁培养人等根本问题，以立德树人为中心环节，推进全员、全过程、全方位育人，用习近平新时代中国特色社会主义思想武装头脑，教育和引导大学生用青春和理想拥抱未来，用奋进和奉献书写人生，汇聚同心共筑中国梦的磅礴力量。简而言之，做好新时代大学生思想引领就是用习近平新时代中国特色社会主义思想武装和引领新时代大学生。习近平新时代中国特色社会主义思想具有重要的理论贡献和历史地位，是中国特色社会主义理论体系的重要组成部分，它丰富和发展了中国特色社会主义理论体系，在理论上实现了马克思主义中国化的新飞跃。习近平新时代中国特色社会主义思想是时代新思想，为新时代大学生赋予了历史新使命、谋划了新征程。

其次，为什么要做好新时代大学生的思想引领。简而言之，思想引领可以有效融通个人价值观、社会主义核心价值观和国家意识形态。思想是客观存在反映在人的意识中经过思维活动而产生的结果。新时代大学生的思想引领，关键是做好大学生价值观的引领，价值观是意识形态的核心内容，是影响意识形态功能发挥的关键性因素，是评价意识形态的主要因素。由此，新时代大学生思想引领关乎社会主义核心价值观培育的成败，也关乎国家意识形态工作成效。意识形态工作是一项极端重要的工作，关系到旗帜、道路和国家政治安全，关系到全体党员的理想信仰，关系到党的执政基础，关系到全国人民奋斗的价值取向，一刻也不能放松和削弱意识形态工作。意识形态决定文化前进方向和发展道路，对一个政党、一个国家、一个民族的生存和发展至关重要。意识形态决定文化前进方向和发展道路。必须推进马克思主义中国化时代化大众化，建设具有强大凝聚力和引领力的社会主义意识形态，使全体人民在理想信念、价值理念、道德观念上紧紧团结在一起。因此，做好新时代大学生思想引领是党和国家意识形态工作的应然选择和使命担当。富有成效的思想引领可以把国家意识形态教育和社会主义核心价值观真正入心入脑，把国家意识形态真正融入个人价值观。当人们的价值观能够自然地呼应国家意识形态，这样的社会才是真正的和谐社会，这样的社会主义核心价值观才能真正内化为人们的价值观念、外化为人们的自觉行动。

最后，新时代大学生思想引领的挑战是什么。十九大报告指出："广泛开展理想信念教育，深化中国特色社会主义和中国梦宣传教育，弘扬民族精神和时代精神，加强爱国主义、集体主义、社会主义教育，引导人们树立正确的历史观、民族观、国家观、文化观。""培育和践行社会主义核心价值观。社会主义核心价值观是当代中国精神的集中体现，凝结着全体人民共同的价值追求。要以培养担当民族复兴大任的时代新人为着眼点，强化教育引导、实践养成、制度保障，发挥社会主义核心价值观对国民教育、精神文明创建、精神文化产品创作生产传播的引领作用，把社会主义核心价值观融入社会发展各方面，转化为人们的情感认同和行为习惯。"因此，新时代大学生思想引领面临的挑战是如何进行有效的理想信念教育和社会主义核心价值观的认同和践行。据此，新时代大学生思想引领的内容就是：青年学生个体通过理想信念教育，把社会主义核心价值观转化为个体的情感认同和行为习惯；社会和高校把社会主义核心价值观融入社会发展和校园生活各方面，加强对新时代大学生核心价值观的培育，实现有效思想引领；国家在宏观层面上加强意识形态的引领和掌控，坚持马克思主义在意识形态领域中的指导地位。

三、新时代大学生思想引领的路径

就传导方向而言，高校通过对新时代大学生理想信念教育，把社会主义核心价值观转化为个体的情感认同和行为习惯，让国家的社会主义意识形态真正深入人心，获得新时代大学生的认同和拥护。就实践层面而言，高校思想政治教育影响逐渐弱化是新时代大学生思想引领缘起的主因，为此，必须从三个层面做好新时代大学生思想引领：在宏观层面上，国家要加强意识形态的引领和掌控，坚持马克思主义在意识形态领域中的指导地位；在中观层面上，社会和高校要加强价值观的培育，尊重差异，包容多样，借鉴国际优秀经验，真正使社会主义核心价值观深入人心；在微观层面上，要加强新时代大学生理想信念教育，创新理想教育新形式，不走过场、不摆花架，不说空话、不做虚功，讲实话、察实情、明实理、出实招、办实事，使大学生通过实实在在的理想信念教育，从内心深处领会和认同社会主义核心价值观。

社会主义核心价值观对建设中国特色社会主义意识形态有重要的指导意义，奠定了社会主义意识形态占领和主导大学校园思潮的基础，规范了新时代大学生思想引领工作的内涵与要求。新时代大学生价值观的形成有自发和自觉之分，大学生社会主义核心价值观从自发到自觉的构建，是对社会主义核心价值体系从感性认知到理性认同的过程。新时代大学生思想引领的目标就是培养社会主义事业合格的建设者和接班人，社会主义事业合格的建设者和接班人必然需要社会主义核心价值观的打造和引领，大学生是社会主义事业宝贵的人才资源，高等院校作为培养建设者和接班人的基地，责任重大，意义深远。

综上所述，从新时代大学生思想引领的缘起、内容和路径，可以发现新时代大学生思想引领的几个核心关键词：新时代大学生、思想引领、理想信念、价值观和意识形态。新时代大学生思想引领就是通过对青年学生的理想信念教育，把社会主义核心价值观转化为个体的情感认同和行为习惯；国家社会主义意识形态则以社会主义核心价值观为载体，为新时代大学生成长成才保驾护航；新时代大学生思想引领通过社会主义核心价值观这个桥梁实现了大学生个体价值观和国家社会主义意识形态的有机融合，从而实现高校立德树人的目标。因此，新时代大学生思想引领是国家对意识形态领域宏观指引的应然选择，是社会和高校加强大学生社会主义核心价值观培育的前提和基础，是新时代大学生认同国家社会主义意识形态的必由之路。

第二节　新时代大学生思想引领视域

全面加强新时代大学生思想引领是当前高校思想政治教育工作的新课题。新时代大学生思想引领的内涵就是用习近平新时代中国特色社会主义思想武装、教育和引导新时代大学生，建设具有强大凝聚力和引领力的社会主义意识形态，广泛开展理想信念教育，把社会主义核心价值观融入社会发展各方面，转化为新时代大学生的情感认同和行为习惯。本节对新时代大学生思想引领视域内的相关概念进行厘定，并就几者之间的关系进行阐述。

一、思想和思想引领

1.思想的含义

关于思想，《现代汉语词典》（第7版）的解释为：客观存在反映在人的意识中经过思维活动而产生的结果。思想的内容为社会制度的性质和人们的物质生活条件所决定，在阶级社会中，思想具有明显的阶级性。也有学者认为："运动的意识"称为思想；思想是意识的向导发生。思想的本身就是意识运动形式的表达，是意识的主体在意识形态里进行的意识的运动行为，是以某一问题为起点的直线意识的运动形式，思想的作用有助于进行意识的引导，是思想直线运动形式的存在特征。思想也称"观念"，其活动的结果属于认识。人们的社会存在，决定人们的思想。一切根据和符合于客观事实的思想是正确的思想，对客观事物的发展起促进作用；反之，则是错误的思想，对客观事物的发展起阻碍作用。思想是一个人的行为方式和情感的重要体现，是人类一切行为的基础。正确的思想来自社会实践，是经过由实践到认识，由认识到实践的反复而形成的。

关于思想，帕斯卡尔认为"思想成全人的伟大""人的全部尊严就在于思想"。思想可以表现为通过概念的联系，概括地说明现象的本质和规律的理论原理，也可以表现为观点的综合的理论体系。思想是在实践的基础上对客观存在的反映，这种反映是否正确又要通过实践检验。凡是经过实践检验证明符合客观实际的思想是正确的思想，不符合实际的思想是错误的思想。思想对客观现实的发展有强大的反作用，正确的思想一旦为群众所掌握，就会变成改造世界的巨大物质力量。巴尔扎克认为，一个能思想的人，才真是一个力量无边的人。苏霍姆林斯基认为，思想是根基，理想是嫩绿的芽胚，在这上面生长出人类的思想、活动、行为、热情、激情的大树。

2.关于思想引领的厘定

从思想政治教育学科的角度来理解,思想引领就是思想价值观念的再生产,是思想政治教育的基本职能与终极目标。思想政治教育是社会或社会群体用一定的思想观念、政治观点、道德规范,对其成员施加有目的、有计划、有组织的影响,使他们形成符合社会所要求的思想品德的社会实践活动。从本质上看,思想政治教育是以培养和提高受教育者的思想道德修养为指向的价值观念的再生产。

思想引领是思想价值观念的再生产,是思想政治教育的目标与职能,具有鲜明的政治性、先进性和群众性。思想引领的政治性是思想政治教育作为意识形态的显著体现,是由社会主义条件下的思想政治教育的性质决定的,是思想政治教育区别于其他教育活动的根本标志;思想引领的先进性,就是要用先进思想引导和教育受教育者;思想引领的群众性,就是要依靠、吸引和凝聚人民群众,影响和动员广大人民群众为建设中国特色社会主义现代化强国和实现中华民族伟大复兴中国梦而奋斗,从而凝聚价值共识,形成磅礴之力。

新时代孕育新思想,新思想引领新青年。党的十九大站在历史和时代的高度,深刻阐释了习近平新时代中国特色社会主义思想。用习近平新时代中国特色社会主义思想武装青年学生,引领青年学生,是新时代的呼唤,更是高校思想政治工作的历史责任和使命担当。

二、意识和意识形态

1.意识的含义

关于意识，《现代汉语词典》（第7版）的解释为：人的头脑对于客观物质世界的反映，是感觉、思维等各种心理过程的总和，其中的思维是人类特有的反映现实的高级形式。存在决定意识，意识又反作用于存在。

意识是人脑对大脑内外表象的觉察。意识脑区指可以获得其他各脑区信息的意识脑区（在前额叶周边）。意识脑区最重要的功能就是辨识真伪，即它可以辨识自己脑区中的表象是来自外部感官还是来自想象或回忆。这种辨识真伪的能力，其他任何脑区都没有。当人在睡眠时，意识脑区的兴奋度降至最低，此时无法辨别脑中意象的真伪，意象基于记忆中的认知，这就是所谓的"梦境"。

在马克思主义经典著作中的"意识"一词有两种用法：一是当动词用，即指"意识到"的活动，亦即认识活动；一是当名词用，即指与物质相对立的活动的结果，如知识、思想、观念等。心理学研究意识问题与哲学研究意识问题有一致之处，可又有所区别。一致之处是二者研究的都是意识问题，而且科学心理学对意识问题的研究，接受了马克思主义哲学的指导。区别是哲学研究的是作为名词使用的"意识"，即与"物质"相对立的意识，它是总体研究人的意识，其基本问题是意识对存在的关系问题，既指个人意识，也指社会意识。心理学研究的是作为动词使用的"意识"，即指"意识到"的活动，较为具体地研究人的个体意识，研究它的实质、发生和发展、结构和功能等，虽然在心理学的一些学科（例如社会心理学）中也不免会较多地涉及社会意识问题，但是心理学作为一门独立的科学，它所研究的主要是个体意识。因此，在心理学中，意识是"人所特有的一种对客观现实的高级心理反映形式"。作为人所特有的心理现象的意识，它是包括感觉、知觉、思维在内的一种具有复合结构的最高级的认识活动，思维在其中起着决定性的作用。从广义方面来理解，意识是指与物质相对的活动的结果，用作名词，如知识、思想、观念等等，哲学中常说"物质决定意识"，其中的"意识"是精神的东西，意识与心理是相通的，但二者内涵不完全相同。从狭义方面来理解，意识是指人的认识活动，用作动词，如"意识到"就是认识到。心理学中所说的意识，就是指"意识到"，即人的心理活动，它是一种认识形式，也是一种反映形式。

2.关于意识形态

关于意识形态，《现代汉语词典》（第7版）的解释为：在一定的经济基础上形成的，人对于世界和社会的有系统的看法和见解，哲学、政治、法律、艺术、宗教、道德等是它的具体表现。意识形态是上层建筑的组成部分，在阶级社会里具有阶级性。也叫观念形态。

意识形态是一个哲学范畴词汇，可以理解为对事物的理解、认知，它是一种对事物的感观思想，是观念、观点、概念、思想、价值观等要素的总和。意识形态不是人脑中固有的，而是源于社会存在。人的意识形态受思维能力、环境、信息（教育、宣传）、价值取向等因素影响。不同的意识形态，对同一种事物的理解、认知也不同。意识形态是一种观念的集合。意识形态可以被理解为一种具有理解性的想象、一种观察事物的方法（比如世界观），存在于共识与一些哲学趋势中，或者是指由社会中的统治阶级对所有社会成员提出的一组观念（这是马克思主义定义下的意识形态）。意识形态是与社会的经济和政治直接相联系的观念、观点、概念的总和，包括政治法律思想、道德、文学艺术、宗教（神秘特殊的意识形态）、哲学和其他社会科学等。意识形态的内容是社会的经济基础与政治制度和人与人的经济关系和政治关系的反映。意识形态的各种形式起源于以生产劳动为基础的社会物质生活。政治思想、法律思想、道德、艺术、宗教、哲学和其他社会科学等，各以特殊的方式，从不同侧面反映现实的社会生活。它们相互联系，相互制约，构成意识形态的有机整体。意识形态按其阶级内容和它所反映的社会经济形态即生产关系可分为：奴隶主意识形态、封建主意识形态、资产阶级意识形态、无产阶级意识形态。每个社会的统治阶级的意识形态，都是占社会统治地位的意识形态，它集中反映该社会的经济基础，表现出该社会的思想特征。每个社会的意识形态都是复杂的，往往存在三种不同的体系：1.反映该社会占统治地位的经济制度和政治制度，并为其服务的占统治地位的意识形态；2.反映已被消灭的旧经济制度和政治制度的意识形态残余；3.反映现存社会里孕育着的新社会因素，并为建立新的经济制度和政治制度服务的新的意识形态。意识形态的特征有：1.现实性。意识形态是一种抽象的理论，但并不是纯粹空洞的东西。它有指向性，总是指向现实。无论是占统治地位的政治思想，还是居非统治地位的思想、学说，要么是为了维护现存的政治制度，要么是为了批判现存的政治制度。2.总体性。意识形态是由各种具体的意识形成的政治思想、法律思想、经济思想、社会思想、教育、艺术、伦理、道德、宗教、哲学等构成的有机的思想体系。3.阶级性。意识形态具有鲜明的阶级功能。不同的社会集团和阶级由于其利益的差异而有不同的意识形态，而不同的意识形态在社会中所处的地位，是由其所代表的阶级的地位决定的。4.相对独立性。意识形态虽为社会存在所决定，但它有自身特有的发展规律，是相对独立的。5.依赖性。意识形态不是人脑中固有的，也不是从天上掉下的，归根结底来源于社会存在。

三、理想信念

1.关于理想

关于理想，《现代汉语词典》（第7版）的解释为：对未来事物的想象或希望（多指有根据的、合理的，跟空想、幻想不同）。

理想是对未来事物的美好想象和希望，是人们在实践过程中形成的、有实现可能性的、对未来社会和自身发展的向往和追求，是人们的世界观、人生观和价值观在奋斗目标上的集中体现。满足眼前的物质和精神需求，又憧憬未来的生活目标，期盼满足更高的物质和精神需求。对未来不懈追求，是理想形成的动力和源泉。理想作为一种社会意识、一种精神现象，是人们在对社会现实及其发展规律认识的基础上形成的，是人所特有的主观能动性的发挥。理想的外在表现为人们对自身现状不满足，探索和追求自己的需要和目标，理想在本质上是客观必然性与人的主观自觉能动性的有机统一，是人生的精神支柱。

人类活动都是有一定动机和需要的。马克思认为："人们奋斗所争取的一切，都同他们的利益相关。"人们之所以建构理想并献身理想，是因为他们意识到自身的需要，并以自己的主动性，通过实践去满足这些需要。人们对"理想"有很多理解和表述。有人认为，理想就是价值追求。价值追求就是主动认识和实现事物及其属性的价值，满足自身的需要。有人认为，理想是主体确定的合乎客观规律的发展目标。从社会心理学角度看，理想属于成就动机，共产主义理想则是共产党人的最高层次的成就动机。这种观点也同样指出了主体的主观性和主动性，同时也指明理想必须符合客观规律。也有观点认为，理想是与主体奋斗目标相联系的有实现可能的设想和向往。它不是指主体一般的需要，而是有着明确的指向性，即与奋斗目标相联系，所以理想是"应如何""应怎样"，是合规律性与合目的性的统一，是人的"内在尺度"与"外在尺度"的统一。

2.关于信念

关于信念，《现代汉语词典》（第7版）的解释为：自己认为可以确信的看法。

信念近义于观念，是认识、情感和意志的融合与统一。信念与理想是紧密相连的。追求一种理想，意味着坚信这种理想是正确可行的，而这种坚信本身就是一种信念。信念是人们在一定认识基础上确立的对某种思想和理想坚信不疑并身体力行的观念状态。信念是内化于人的主观世界的理性认识。信念是人们对某种现实或理论所持有的一种深刻信任，需要在实践基础上，借助于一定的理论、立场和态度来确立，往往表现为人们对某种主张、学说、主义的仰慕和尊崇。信念推动人们为实现一定的理想而不懈地追求、执着地奋斗。

信念的基础是人们享受某种权利和履行某种义务的实践。正是在实践中，特别是在阶级斗争的实践过程中，人们形成了特定的信念。信念通常是某个阶级或阶层所具有的共同的、系统的、稳定的价值判断和价值追求。信念能对主体的某种行为的必要性和适当性作出合理的解释，从而有意识地完成某种行为，并对此产生强烈的责任感。信念有对错之分，有进步的信念，也有反动的信念，其分水岭在于是否尊重历史发展的客观规律，是否有利于实现人民的利益。科学的、进步的信念引导人们走向光明；而虚幻的、反动的信念引导人们走向黑暗。

3.关于理想信念

理想和信念是有着紧密联系的两个概念，往往统称为理想信念。理想信念分社会理想信念和个人理想信念。社会理想信念的表现形式是社会组织、团体或政党在共同的价值观基础上形成的具有一定指导意义的思想理论，并加以实践的过程；个人理想信念是某种社会理想信念的内化，外在表现是一个人在世界观、人生观、价值观的基础上，树立人生信念和人生目标并不断为之奋斗的过程。

第三节 新时代大学生思想引领视域下的几个关系

一、新时代大学生思想引领视域下的意识形态与价值观

1.价值观是意识形态最直接，也是最本质的体现

价值观为意识形态的发端、形成与构建提供了评价标准，是意识形态内容的主要表现，是影响意识形态功能发挥的关键因素。意识形态又反过来影响价值观的形成和构建，为价值观的价值导向和价值规范规定了性质和方向。意识形态决定价值观的形成和构建，一个社会的核心价值观反映了社会意识的本质，主导社会意识的方向，影响人们的思想观念、思维方式、行为规范，是引领社会前进的精神旗帜。社会主义意识形态视域中的大学生核心价值观的构建，彰显了大学生的成长成才与人生观和价值观的统一性。有什么样的社会意识形态，就应该有什么样的价值观，尤其是反映社会主流意识形态的

核心价值观。社会主义核心价值观就是社会主义意识形态的本质体现。但是在现实中，总是有落后、超前，甚至与主流意识形态相悖的另类价值观，需要加以引导、调控、规范和教化。主流意识形态要求构建核心价值观，以此来主导、决定和支配社会文化体系和个体的行为和观念，这是统治者所倡导并极力构建的，以此在社会生活中占据优势和权威地位，希望能够引导、影响或控制更多个体的价值取向和价值选择，使分散的价值观都集中到主导价值观的判断、定向和规范中，从而保证社会价值目标能够比较顺利地得以实现。核心价值观的存在也意味着非核心价值观的存在，意味着边缘价值观与核心价值观统一于社会生活的价值观体系中，统一于多元的价值空间和价值判断中，统一于丰富多彩、形式多样的价值追求和价值实现过程中。当两者在价值导向上基本一致时，并不冲突，可相得益彰、相互补充、共存共荣；若两者不一致时，就势必冲突，相互抵制、相互消长，或者地位相互转化。

2.价值观与意识形态有着不可分割的密切联系

价值观内化于意识形态之中，是意识形态的核心构成要素，在意识形态理论功能和现实功能的发挥过程中起着关键性作用。意识形态具有强烈的社会政治倾向性，以维护、实现某个社会群体、阶级的具有全局性的、根本性的利益为根本目的。在阶级社会里，每一个阶级都力求实现自身利益在各种社会资源分配过程中的最大化。共同的价值观、世界观等是实现民族认同和阶级认同、统一阶级行动步伐的根本手段，而只有通过意识形态教育，才能既在特定群体中培养出共同的价值观和利益观，又通过这种共同的思维和意识树立起边界，有效地区分本我与非我、本阶级与他阶级、本民族国家与他民族国家，最终在特定群体中实现民族认同和阶级认同，使边界内的个体和团体能自觉地为本阶级、本民族和本国家的利益而奋斗。从这个意义来说，意识形态与价值观是内在统一的。

3.价值观与意识形态并不是直接统一的，二者也有差别

首先，价值观是多元的。在一个社会中，不同的阶级有不同的利益需求，形成不同的价值观念；而意识形态往往是一元的，一般只有统治阶级的社会意识体系才能被称为意识形态。其次，价值观概念的外延要小于意识形态概念的外延。一般来说，价值观是对价值认知和评价的标准体系；而意识形态却是涵盖政治、宗教、哲学等在内的综合性的社会意识体系。最后，从功能上说意识形态是国家软实力，具有一定程度的规范作用和约束力。价值观尽管也具备强大的社会功能，但只有上升为国家意识形态，内化为意识形态的基本内容，才具有一定的规范作用和约束力。社会主义意识形态要求构建社会主义性质的核心价值观，社会主义核心价值观是马克思主义意识形态理论在我国改革开放新的历史条件下的新的发展和新的需求。社会主义核心价值观不仅是对马克思主义意识形态理论的继承，而且把社会主义意识形态凝练到了一个更新的水平，是党对社会主义意识形态建设指导思想的新发展，标志着对社会主义意识形态建设规律的认识更加深入和贴近现实。

二、新时代大学生思想引领视域下的价值观和理想信念

1.理想信念与价值观是密切相关的

理想信念是价值观的集中体现，主导和统领着人的主体精神世界，而树立正确的价值观也有利于人们树立正确的理想信念。理想信念是处于支配地位的核心价值观念，是人类价值意识的高级形式。理想信念是价值观的最高层次，是核心价值观的核心。理想信念的形成，标志着个人的价值观从感性层面上升到了理性层面，成为指导和推动实践活动的精神力量源泉。理想信

念以价值观为指导，同时又体现了一定的价值观。在人类的精神世界里，理想、信念、价值观是与生命相伴相随的。没有理想信念的人，没有价值观的人，很难被称为真正意义上的人，只能叫行尸走肉。只要是人，就都会在外部世界的影响下形成一些感觉、思想、动机和意志，包括理想，而且理想是有意图的、有力量的。没有理想的人，是没有发育好的人，是没有力量的人。

2.价值观是理想信念的基础

理想信念是价值观的升华。理想信念以价值观为指导，同时又体现了一定的价值观。而理想信念是处于支配地位的核心价值观，所以，人们的理想信念是价值观的集中体现，是人生最高的价值追求。当然，这里所讲的理想信念是一个社会所具有的最高的理想信念。

3.理想信念是价值观的集中体现

正确的价值观也有利于人们在精神世界树立正确的理想信念，远大的理想信念和科学的价值观共同构成正确的社会主义核心价值体系。新时代大学生的理想信念教育对于全社会牢固树立社会主义核心价值观，具有重大而深远的意义。2014年5月4日，在北京大学师生座谈会上，习近平总书记指出："核心价值观的养成绝非一日之功，要坚持由易到难、由近及远，努力把核心价值观的要求变成日常的行为准则，进而形成自觉奉行的信念理念。"

三、新时代大学生思想引领视域下的意识形态和理想信念

站在新时代大学生思想引领视域下可以发现：从意识形态到理想信念，价值观是两者之间的桥梁，理想信念、价值观、意识形态三者在逻辑上有从微观到宏观，同时又相互作用、相互影响、相辅相成的辩证关系。

1.国家意识形态通过国家核心价值观来引导和影响个体价值观，实现个体对核心价值观的认同和践行，进而内化为个体的理想信念。远大的理想信念和科学的价值观共同构成正确的社会核心价值体系的内容之一，核心价值体系是意识形态的本质体现，有什么样的社会核心价值体系就有什么样的社会意识形态。反过来，意识形态也影响着人们的价值观和理想信念，意识形态从维护国家利益和民族认同的角度出发，势必会对人们的价值观念、价值判断、价值取向和理想信念的树立提出要求和指向。价值观、理想信念不是孤立地存在于世，而是与人的经济地位、社会关系、政治思想、文化水平密切相关。这样，就与意识形态相互联系，密不可分了。在新时代大学生思想引领视域下，意识形态、价值观和理想信念三者相比，意识形态更宏观一些，其次是价值观，最后是理想信念。核心价值体系是意识形态的核心，理想信念是核心价值观的核心内容。

2.在思想引领视域下，意识形态教育、价值观教育、理想信念教育，从本质上讲是三位一体、相互作用、相互影响、相辅相成的辩证关系。社会主义意识形态教育不仅是大学生思想引领的本质要求和核心内容，更是大学生解决世界观、人生观、价值观问题的根本途径与方法。提出科学的社会主义核心价值观，有助于意识形态的整合；而意识形态的整合，则有助于社会主义核心价值观的巩固和确立。社会主义核心价值观可以有效引导大学生个体的理想信念，大学生个体的社会主义理想信念的形成又进一步让国家意识形态深入人心。社会主义意识形态教育是树立正确世界观、人生观、价值观的思想基础，是坚定社会主义理想信念的正确理论指导和强大精神动力，在世界观、人生观、价值观和理想信念教育中起着十分重要的基础和决定性作用。大学生世界观、人生观、价值观和理想信念问题的解决，必须奠定在系统的社会主义意识形态教育基础之上。

综上所述，思想引领是思想价值观念的再生产，在宏观上是对意识形态领域的指引，在中观上是对核心价值观的教化，在微观上是对个体理想信念的建构。意识形态是与一定社会的经济和政治直接相联系的观点、观念、概念的总和，具有群体性、综合性、系统性、历史性，对人的价值判断、价值选择和价值实现具有重要作用。价值观内化于意识形态之中，是意识形态的核心构成要素，在意识形态理论功能和实践功能的发挥过程中起着关键性的作用；理想信念是价值观的最高层次和核心内容，是人类价值意识的高级形式。理想信念的形成，标志着个体的价值观从感性层面上升到了理性层面，形成了一个完整、自觉、有为的观念理论体系，并且同知识和理智紧密地结合在一起，成为推动个体行为和实践活动的精神力量源泉。

理想信念的引领与教化、核心价值观的整合和构建是当前意识形态领域非常重要的工作和任务，也是国家层面思想引领的当务之急，用马克思主义价值观来指导我国社会主义意识形态建设非常重要，也非常迫切。社会主义理想信念是顺应历史发展必然趋势的思想认识和行为态度，社会主义核心价值观是社会主义国家意识形态的集中体现。个人价值观与社会价值观、国家价值观的融通，是国家意识形态深入人心的必由之路，也是国家层面思想引领的应然选择。

新时代大学生思想引领就是通过理想信念教育，把社会主义核心价值观转化为新时代大学生个体的情感认同和行为习惯，让国家的社会主义意识形态真正深入人心，获得新时代大学生的认同和拥护。在宏观层面上，国家要加强意识形态的指导和引领，坚持马克思主义在意识形态领域中的主导地位；在中观层面上，社会和高校要加强价值观的教育和构建，使社会主义核心价值观深入人心；在微观层面上，要加强新时代大学生理想信念教育，真正实现社会主义核心价值观的内化和践行。

第四节 新时代高校大学生思想引领的几个基本遵循

一、新时代大学生思想引领必须坚持马克思主义指导

习近平总书记指出：社会上也存在一些模糊甚至错误的认识。有的认为马克思主义已经过时，中国现在搞的不是马克思主义；有的说马克思主义只是一种意识形态说教，没有学术上的学理性和系统性。实际工作中，在有的领域中马克思主义被边缘化、空泛化、标签化，在一些学科中"失语"、教材中"失踪"、论坛上"失声"。这种状况必须引起我们高度重视。

马克思主义是我们立党立国的根本指导思想，是全党全国人民团结奋斗的共同思想基础。马克思主义指导思想是社会主义核心价值体系的灵魂，马克思主义的科学指南作用已经得到了历史的检验和证实，中国共产党从诞生之日起，就把马克思列宁主义确立为自己的指导思想，中国共产党 100 多年的发展史，就是学习马克思主义、运用马克思主义、发展马克思主义的历史。没有马克思主义的指导，就不可能有中国革命、建设、改革和发展的伟大成功和胜利。

从某种意义上讲，马克思主义指导得怎么样、马克思主义理论教育的成效如何，直接关系到大学生思想政治教育的成败。在对待马克思主义的态度上，一定要做到两个"坚定不移、不能含糊"：一是必须坚持马克思主义的立场、观点和方法，坚持马克思主义基本原理，这一点要坚定不移，不能含糊；

二是必须贯彻解放思想、实事求是的思想路线，坚持勇于追求真理和探索真理的革命精神，这一点也要坚定不移，不能含糊。

马克思主义哲学作为科学的世界观、价值观、认识论、方法论，是社会主义者认识世界、改造世界的思想武器，是社会主义理论和实践的逻辑前提、理论根据和方法论工具。邓小平也明确指出，搞社会主义一定要遵循马克思主义的辩证唯物主义和历史唯物主义。没有唯物史观的创立，社会主义就不可能从空想变成科学；没有邓小平在新的历史时期支持实践标准的讨论、重新恢复党的实事求是的思想路线，就不会有中国特色社会主义的理论和实践。

大学生正处在世界观、人生观、价值观形成的关键时期，学习和掌握马克思主义科学理论对他们的健康成长至关重要。马克思主义理论指导是大学生社会主义核心价值观的灵魂。首先，这是由马克思主义理论在大学生思想政治教育中的指导地位所决定的。马克思主义是无产阶级和人民群众认识世界和改造世界的科学理论，是立党立国之本，是治国理政的方向和指南，是社会主义意识形态的指导思想和旗帜、灵魂。在多元文化背景和多样社会思潮的冲击与影响下，保持一元指导思想尤为重要，否则将出现思想多元、方向迷茫、秩序混乱的局面。马克思主义以其对社会历史规律科学的揭示、对未来发展的正确预见以及坚定的理论品格而确立其在思想政治教育中的指导思想地位，只有用它来武装头脑，才能树立起正确的世界观、人生观和价值观，才能构筑起远大的理想信念和强大的精神支柱，才能认清形势、保持清醒、不惧风浪考验、抵制不良影响，从而认识世界、改造世界。其次，这是由马克思主义理论素质在大学生全面素质中的地位所决定的。大学生的素质包括思想政治素质、道德素质、业务素质和身心素质，其中，马克思主义理论素质是思想政治素质中的根本素质、核心素质，只有打下坚实的马克思主义理论基础，思想才不会"跑偏"，大学生才能沿着正确的方向全面发展，促进其自身思想政治素质、道德素质与业务素质和健康素质协调发展，为将来报效祖国、服务人民打下坚实的基础。

二、新时代大学生思想引领就是坚持中国特色社会主义思想

习近平新时代中国特色社会主义思想是马克思主义中国化最新成果，是新时代社会主义意识形态建设的指导思想，是新时代大学生思想引领的应然选择。当前，全球政治风云激荡，世界正面临深刻大变局，新时代大学生面临着各种错误观点和思潮的侵袭，想要在这场思想文化交流交融交锋中站稳立场、有力应对在价值观和意识形态上的渗透，就必须深入学习和理解习近平新时代中国特色社会主义思想，深刻领会这一思想的时代背景、科学体系、精神实质、丰富内涵、实践要求、历史地位，深刻领会这一思想贯穿的马克思主义立场观点方法，深刻领会蕴含其中的坚定信仰信念、鲜明人民立场、强烈历史担当、求真务实作风、勇于创新精神和科学思想方法。

习近平新时代中国特色社会主义思想，是从改革开放和社会主义现代化建设实践中产生而又服务于实践的思想理论，具有显著的思想理论特征：一是主题的鲜明性。党的十八大以来，新时代赋予了我们党必须解决的重大时代课题和理论课题，就是必须从理论和实践结合上系统回答新时代坚持和发展什么样的中国特色社会主义、怎样坚持和发展中国特色社会主义。这一鲜明主题的确立，是邓小平理论、"三个代表"重要思想、科学发展观回答和解决的主题的承接，又是其进一步的拓展。它们既各具特色，又前后衔接、相互贯通。二是理论的系统性。任何理论总是以思想观点和基本原理的集合，构成一个具有内在逻辑联系的有机体系或系统。面对新时代中国特色社会主

义的伟大实践，以习近平同志为核心的党中央着眼于统筹推进"五位一体"总体布局、协调推进"四个全面"战略布局，对党和国家各项事业进行全面指导，提出了一系列治国理政的新理念新思想新战略，使习近平新时代中国特色社会主义思想构成了一个完整的科学体系，具有理论的贯通性、自洽性和系统性。三是思想的科学性。一种理论的威力在于其思想的真理性和科学性，在于其认识和改造世界的作用力、影响力以及征服人心的说服力。习近平新时代中国特色社会主义思想正确反映了中国特色社会主义事业的内在规律和本质联系，具有客观真理性和科学性。四是内容的开放性。任何真正科学的理论都不是自我封闭的，而是不断开放和不断发展的体系。习近平新时代中国特色社会主义思想是中国特色社会主义理论体系的重要组成部分，而它本身又是一个不断与外界进行交流和不断发展的开放系统，具有内容的丰富性和开放性。习近平新时代中国特色社会主义思想不仅系统回答和解决了新时代中国特色社会主义建设的一系列理论和实践问题，而且以中国特色社会主义道路、理论、制度、文化不断发展的成就和成功经验，拓展了发展中国家走向现代化的途径，为其提供了全新选择，为解决人类问题贡献了中国智慧和中国方案。五是实践的指导性。马克思主义科学理论最显著的特点，是它的实践性和指导性，能够指导党和人民的事业获得成功。习近平新时代中国特色社会主义思想作为全党全国人民为实现中华民族伟大复兴而奋斗的行动指南，必须运用于新时代的实践，运用于指导当今具有许多新的历史特点的斗争和事业中。

三、新时代大学生思想引领关键要落细落小落实社会主义核心价值观

富强、民主、文明、和谐是国家层面的价值目标，自由、平等、公正、法治是社会层面的价值取向，爱国、敬业、诚信、友善是公民个人层面的价值准则，这 24 个字是社会主义核心价值观的基本内容。党的十八大勾勒出国家的价值内核、社会的共同理想、亿万人民的精神家园，成为当代中国精神世界的"价值公约数"。新时代大学生思想引领关键就是把社会主义核心价值观内化为理想信念，落细、落小、落实到行动上。价值观的力量，比生存的需要更崇高，比血浓于水的亲情更博大，它为人生赋值、为社会定规、给国家赋能。有什么样的核心价值观，就有什么样的国家、社会和公民，就有什么样的取向、路径和行动。

新时代大学生思想引领有无成效关键就是看青年学生是否认同和践行社会主义核心价值观，在日常生活中有没有把社会主义核心价值观落细、落小、落实。因此，发挥社会主义核心价值观主场优势，构建积极的社会意识形态环境，通过主导、优化和整合大学生的思想发展，落细、落小、落实社会主义核心价值观，从而实现新时代大学生思想引领。

1.国家层面的社会主义核心价值观"富强、民主、文明、和谐"是中华民族千百年来追求的梦想，是全社会共同认同的美好价值共识，是激励全国各族人民共同奋斗的价值力量，是推进国家治理现代化的根本价值内涵。作为国家层面的价值目标，富强、民主、文明、和谐在实践进程中相互渗透、融为一体，外化为"五位一体"总体布局，彰显着中国特色社会主义的内在魅力和广阔前景。

"富强"作为国家层面的核心价值，一方面在于指出建设中国特色社会主义现代化，必须把摆脱贫穷、实现富强作为国家发展的首要任务。在我国，富强还有其特殊含义，邓小平明确指出："社会主义的特点不是穷而是富，但这种富是人民共同富裕。"另一方面在于警醒全党全国各族人民时刻不忘历史教训，始终把注意力凝聚到聚精会神搞建设、一心一意谋发展、建设社会主义现代化强国的目标上来。

"民主"既是国家形态，又是国家形式。只有坚定不移发展国家民主，才能真正实现人民当家作主，确保国家一切权力属于人民。民主作为国家层面的核心价值，其重大现实意义在于，通过国家民主制度的逐步完善和国家民主意识的日益增强，不断启发人民的民主意识、培育人民的民主素质，为实现社会主义民主目标而自觉奋斗。

"文明"作为国家层面的核心价值，其重大现实意义在于，以制度文明推进国家治理文明，通过国家的文明力量引导和涵养全社会的文明行为。国家的文明程度，直接体现着国家的性质与方向，直接决定着国家能否给国民带来安全与幸福。

"和谐"是人们向往和追求的一种美好的社会状态。政通人和，历来是国家发展的最佳状态。社会和谐更是中国特色社会主义的本质属性，是推进国家治理现代化的直接目标。和谐作为国家层面的核心价值，其重大现实意义在于，以国家的力量积极化解社会矛盾、修复社会裂痕、倡导和谐共处、促进社会和谐，形成万众一心、众志成城的国家力量。

2.社会主义核心价值观第二个层面"自由、平等、公正、法治"，从社会层面规范了大学生的思想和行为，为大学生提供了更好的环境和公平竞争的机制，体现了社会主义核心价值观与个人价值观在内涵上的融通一致。社会的价值取向，既深刻影响着国家的价值目标，又深刻影响着个人的价值行为。

社会充满活力、健康有序，人民才能幸福，国家才有希望，这是无数事实所昭示的真谛。作为社会层面的价值取向，自由、平等、公正、法治在实践进程中相互作用、相得益彰，外化为社会全面治理和全面进步，最大限度地增加社会和谐因素、增强社会发展活力，依靠全体人民力量营造安居乐业、幸福安全的共同家园。

"自由"是人类向往和追求的一种美好价值形态，是人类共同的精神财富和价值理想。马克思和恩格斯则赋予自由以更加深刻的社会意义，明确把未来新社会定位为"每个人的自由发展是一切人的自由发展的条件"的"联合体"。自由作为社会层面的核心价值，其重大现实意义在于，确保公民自由权利，鼓励公民自由奋斗，营造又有集中又有民主、又有纪律又有自由、生动活泼、心情舒畅的社会环境，为每一个人健康成长和全面发展创造良好的社会条件。

"平等"是实现自由的前提，以公有制为主导的社会主义制度，实现了实质上的平等，为真实的自由奠定了基础。平等是人的最基本权利，是处理一切社会关系的最基本准则，是人类社会的终极理想状态。作为社会层面的价值取向，平等主要是指权利平等、机会平等和结果平等。平等作为社会层面的核心价值，其重大现实意义在于通过平等的社会机制和价值引导，保障公民个人既享有平等的权利，同时也保障每个人基于其社会贡献所要求得到的权利、利益和尊重。

"公正"是社会主义的内在要求。维护公平正义的社会责任感是一种内化于人的良知、维系市场运行的重要因素，是大学生参与社会竞争的核心能力。公平正义是社会良性发展的最佳状态。公平正义作为社会层面的核心价值，其重大现实意义在于，加快建立以权利公正、机会公正、规则公正为主要内容的社会公平正义保障体系，努力营造公平正义的社会环境，从而在更加公平正义的基点上造福全体人民。

"法治"是国家治理的首要原则。法律是公众的意志，法治是社会的规则。根源于物质生活关系和其他社会关系的法律，对公民个人行为起着巨大的保护作用，对一切违背公民利益和公众意志的行为起着巨大的制约作用。法治作为社会层面的核心价值，其重大现实意义在于，建立健全全社会忠于、遵守、维护、运用宪法法律的制度，切实坚持法律面前人人平等，让遵法守法成为一种良好的社会风气和自觉的行为习惯，让人民群众在法治社会中享受到公平正义。

3.社会主义核心价值观的第三个层次是"爱国、敬业、诚信、友善"。作为公民个人层面的价值准则，更具有广泛性、渗透性和大众性。在广泛的社会领域深入开展涵养公民个人优良价值观的实践活动，是培育和践行社会主义核心价值观的基础工程。作为公民个人层面的价值准则，爱国、敬业、诚信、友善在实践过程中相互影响、不可分割，外化为日常生活中的自觉行为和共同习惯，从而使每一个人在潜移默化中得以健康成长和全面发展，集聚成实现中华民族伟大复兴中国梦的强大正能量。

"爱国"作为公民个人层面的核心价值，其重大现实意义在于，让爱国传统在新的历史条件下进一步发扬光大，使之成为实现中华民族伟大复兴中国梦的最基础力量。爱国主义是凝结民族力量的核心纽带，热爱自己的祖国是每一个公民起码的价值遵循。

"敬业"是一种从业态度，敬业作为公民个人层面的核心价值，其重大现实意义在于，引导和激励每一个公民把实现中国梦的远大理想融入自己的工作岗位中，辛勤劳动、扎实奉献，在辛勤劳动中创造幸福，在扎实奉献中实现梦想。人生的价值，只有在平凡岗位上踏踏实实地敬业奉献才能实现；远大的目标，只有在各自岗位上兢兢业业工作，一步一个脚印地前进才能达到。

"诚信"是做人的第一品质，人的本质属性是社会性，人的一切活动都离不开与他人的交往与合作。一个人只有诚实，才能获得别人的信任；只有守信，才能获得别人的支持。公平正义的社会环境，需要每一个公民用诚实守信共同营造；积极向上的社会风气，需要每一个公民用诚实守信共同维护。诚信作为公民个人层面的核心价值，其重大现实意义在于，把诚实守信作为基本道德元素，通过每一个人对诚实守信的自觉坚守，共同建构起中华民族伟大复兴中国梦的道德支撑。

"友善"包括人与人的友善、人与社会的友善和人与自然的友善。作为中华民族的传统美德，一个人只有心怀坦荡、友好善良，善待他人、善待社会，才能获得他人的理解和社会的信任，建立起良好的人际关系和社会关系，从而心情愉悦地生活和工作，实现自己的人生价值。友善作为公民个人层面的核心价值，其重大现实意义在于，在全社会褒扬友善之举、吹动友善之风，让友善成为净化社会风气、密切人际关系、建设和谐社会的强大道德力量。

四、新时代大学生思想引领要扎根中华优秀传统文化

习近平在中国共产党第十九次全国代表大会上的报告中指出：文化是一个国家、一个民族的灵魂。文化兴国运兴，文化强民族强。没有高度的文化自信，没有文化的繁荣兴盛，就没有中华民族伟大复兴。要坚持中国特色社会主义文化发展道路，激发全民族文化创新创造活力，建设社会主义文化强国。

1.新时代大学生思想引领要扎根中华优秀传统文化，做好吸收传承

中国传统文化凝结着中华民族的民族精神和民族情感，承载着中华民族

的文化血脉和思想精华，是对广大青年学生进行思想教育的宝贵资源。要将传统文化引入思想道德教育领域，并使之经常化、制度化、规范化，以发挥传统文化的思想道德教育功能，用传统文化滋养、丰富大学生的精神世界。中华优秀传统文化源远流长，博大精深。大道之行、天下为公的社会理想，重德重义、仁者爱人的道德情怀，持中贵和、收放自如的处世哲学，自强不息、厚德载物的奋斗精神等，历数千年，沉淀为中华传统文化的精华，代代相承，使中华民族在漫长的历史进程中不断地焕发出新的生机和景象。我国优秀的传统文化在长期的历史发展过程中，被中华民族世代沿袭，深深地影响着中国人的思维模式、知识结构、行为方式、审美情趣等，内化为人们的一种文化心理和性格。中国传统文化蕴含着丰富的育人理念及方法，其注重先"修己德""内省"而后"化人"的修身理念，有助于大学生道德情操和人格塑造的培养，可以在德育教育和思想引领方面发挥更大作用。

2.新时代大学生思想引领要吸收中华优秀传统文化的资源，进行融合创新

中华优秀传统文化是中国特色哲学社会科学发展十分宝贵、不可多得的资源。绵延几千年的中华文化，是中国特色哲学社会科学成长发展的深厚基础。中华民族有着深厚的文化传统，形成了富有特色的思想体系，体现了中国人几千年来积累的知识智慧和理性思辨。中华文明延续着国家和民族的精神血脉，既需要薪火相传、代代守护，也需要与时俱进、推陈出新。要加强对中华优秀传统文化的挖掘和阐发，使中华民族最基本的文化基因与当代文化相适应、与现代社会相协调，把跨越时空、超越国界，富有永恒魅力、具有当代价值的文化精神弘扬起来。要推动中华文明创造性转化、创新性发展，激活其生命力，让中华文明同各国人民创造的多彩文明一道，为人类提供正确的精神指引。要围绕我国和世界发展面临的重大问题，着力提出能够体现中国立场、中国智慧、中国价值的理念、主张和方案。

3.新时代大学生思想引领要扎根中华优秀传统文化，坚定文化自信

坚定中国特色社会主义道路自信、理论自信、制度自信，说到底是要坚定文化自信。历史和现实都表明，一个抛弃了或者背叛了自己历史文化的民族，不仅不可能发展起来，而且很可能上演一场历史悲剧。文化是一个国家、一个民族的灵魂。中华优秀传统文化既是历史的、也是当代的，既是民族的、也是世界的。新时代大学生要站在历史的高度面向未来，在继承中转化，在学习中超越，在成长中自信。文化自信，是更基础、更广泛、更深厚的自信，是更基本、更深沉、更持久的力量。坚定文化自信，是事关国运兴衰、事关文化安全、事关民族精神独立性的大问题。

第四章 新时代大学生职业价值观培育研究

第一节 新时代大学生职业价值观现状

当前，我国正处于激烈的社会转型时期，社会变迁直接影响到人们各种价值观的转变，大学生作为社会发展和变革的主要推动者之一，其职业价值观是社会观念的重要组成部分，对整个社会价值观的正确形成、对激发中华民族创业精神发挥着必不可少的作用。在当前"大众创业、万众创新"的历史性背景下，当代大学生在择业、就业、创业过程中面临着哪些问题？如何建立正确的职业价值观以适应目前瞬息万变的社会现实？这是新时代大学生价值观构建过程中必须重视的关键问题。

一、新时代大学生职业价值观的内涵

职业价值观是指人生目标和人生态度在职业选择方面的具体表现，也就是一个人对职业的认识和态度以及他对职业目标的追求和向往。职业价值观是价值观的重要组成部分，是个体对职业的一种价值判断。从社会方面来说，由于社会生产力水平和社会关系程度的差异，职业价值观也呈现出不同的状况。从个人方面来说，受到不同家庭教育、生活环境的影响，每个人的职业

价值观都有各自的特性。俗话说："人各有志。"这个"志"表现在职业选择上就是职业价值观，它是一种具有明确的目的性、自觉性和坚定性的职业选择的态度和行为，对一个人职业目标和择业动机起着决定性的作用。每种职业都有各自的特性，不同的人对职业意义的认识、对职业好坏有不同的评价和取向，这就是职业价值观。

大学生职业价值观是大学生价值观的重要组成部分，大学生的理想、信念、世界观对于职业的影响集中体现在职业价值观上。大学生的职业价值观是大学生在选择职业时的基本心理准备状态，包括看待职业的态度和追求职业的目标，反映大学生职业的理想信念，对大学生未来的职业生涯起到重要的价值引导作用。大学生职业价值观决定了大学生的职业期望，影响着大学生对职业方向和职业目标的选择，决定着大学生就业后的工作态度和劳动绩效水平，从而决定了大学生的职业发展情况。哪个职业好？哪个岗位适合自己？从事某一项具体工作的目的是什么？这些问题都是职业价值观的具体表现。

因此，通过观察和研究新时代大学生职业价值观来剖析和建构新时代大学生价值观，有利于帮助大学生树立正确的职业价值观，顺利步入和适应职业生活，在未来的职业生涯中游刃有余，也有助于高校立德树人目标的实现。

二、新时代大学生职业价值观的现状

大学生职业价值观的现状分析可以从以下三个方面展开：第一，发展因素。包括符合兴趣爱好、机会均等、公平竞争、有挑战性、能发挥自身才能、自主性大、能提供培训机会、晋升机会多、专业对口、发展空间大、出国机会多等等，这些职业要素都与个人发展有关，因此称之为发展因素。第二，保健因素。包括工资高、福利好、保险全、职业稳定、工作环境舒适、交通便捷、生活方便等等，这些职业要素与福利待遇和生活有关，因此称之为保健因素。第三，声望因素。包括单位知名度高、单位规模大、社会地位高等等，这些职业要素都与职业声望地位有关，因此称之为声望因素。职业价值观是一个复杂的多维度的心理因素，对职业的选择和衡量有多种要素的参与，但各要素起的作用是不同的。从当前的实际来看，大学生的职业价值观越来越重视发展因素，而对保健因素和声望因素的重视程度则因人而异，差别较大。

1.大学生职业选择多元化，但没有形成科学的职业价值观

职业选择是个体从自己的兴趣、思想、性格和能力等基本条件出发，结合自身优点与用人单位提供的工资待遇、福利、工作时间和发展前景等方面因素进行比较，做出的一种职业判断。

大学生作为刚步入社会的新人，如何慎重地选择自己的职业显得非常重要。根据苏州大学文正学院所做的调查，关于自己未来的职业选择，大多数人的首选是公务员和事业单位，这个比例合计占到53.39%，国有企业的选择比例是19.56%，外资企业的选择比例是18.76%，民营企业的选择比例是5.11%，选择创业的比例是3.18%。不同成长背景、性格和教育经历使得不同大学生有着各种不同的职业选择，并且这种选择与我国发展背景基本一致。大学生的职业选择多数是大学生结合自身的个性特点做出的，说明大学生在自我认识方面有所提高。在调查中，关于"在大学期间对职业生涯的思考"的问题，绝大多数大学生在学习期间对职业生涯都做过相关的规划和思考，但在做出肯定回答的同时也有对未来的迷茫、担忧和不确定性，也有一小部分大学生对未来职业规划的思考处于一片空白和等待被安排的状态。关于"对职业价值观的理解"的问题，绝大多数大学生对这个概念处于认识模糊状态，只有较少的学生能够对这个问题进行有效较好的回答。由此可知，当前大学生对自己未来职业生涯有目标，但存在较大不确定性，有跟风盲从的现象；

或者是有目标但没有进行及时有效的规划,对职业价值观的内容了解不清晰,无法根据个人的实际情况,用科学的职业价值观来分析判断,并站在更高的角度去选择职业方向。

2.大学生职业选择有向个人兴趣方向发展的趋势,但仍然偏重关注薪资待遇的高低

大学生在择业时需要考虑的最重要的三个因素是:职业价值观、个人兴趣和专业特长。

根据苏州大学文正学院所做的调查,大多数大学生在选择职业时首先考虑它是否与自己的兴趣和专业特长相适应。在调查中发现,大学生在选择职业时首先都希望能找到符合自身兴趣爱好、能发挥专业才能和实现自身价值的工作,这方面的选择比例占到了近40%。确实,如果从事自己不喜欢的工作,有80%的人难以在他选择的职业上成功;而如果选择了自己喜欢的工作,则可以充分调动人的潜能,获得职业发展的原动力。此外,选择一项自己擅长的工作,也会事半功倍。在薪资待遇方面,当前大学生的期望值也呈现明显的增长,但自信心明显不强。针对"你对未来工作的薪资待遇的期望是什么"的问题,有近30%的大学生选择薪资待遇高低是择业的第一选项。回答越多越好的有近10%;也有近10%的学生回答"理想很丰满、现实很骨感"。薪资待遇是个人对职业付出而应得的劳动报酬,它是大学生在确定职业价值观时首先要面对的问题。有些经济条件不太好的大学毕业生在求职时,将金钱作为首选价值观,从根本上讲这并未有错。但是对于一些人来说,拥有的知识、能力、经验和阅历还不足以使其一走上社会就获得大量金钱回报。怀有一夜暴富的心理是不正常的,更是危险的,容易被社会上的不法分子利用,甚至误入歧途。特别是面对严峻的就业形势,更应理性地降低对金钱的期望

值，把眼光放远一些，应尽可能地将自我成长和自我实现作为在毕业求职时的首选价值观。

3.大学生职业选择自主性增强，但岗位竞争激烈，择业风险加大

面对激烈的就业压力，大学生的优胜劣汰意识逐渐增强，更重视自我发展空间。大学生在求职道路上，面对各种各样的行业分类，如何结合自身特点与所学知识，选择最适合自己的工作，显得尤为重要。在选择过程中，必然会听取身边的综合建议，包括老师、家长、同学等给出的建议。通过调查发现，当前大学生在选择职业时主要还是从自己的能力、兴趣、爱好等角度出发，其次是听取父母和其他人的意见。这表明，当前大学生个性化、自主化趋势明显增强，每个人都希望自己的职业更多能体现自我价值，而不是完成父母之愿。但同时，潜在的风险性也成比例上升，如黑中介、传销、合同陷阱、虚假招聘等等，不仅危害了当代大学生自主择业、就业、创业的安全，而且在价值层面影响着其职业价值观的判断和形成。

三、新时代大学生职业价值观的特点

新时代大学生群体的特征是：朝气蓬勃、好学上进、视野宽广、开放自信，这种群体新特点让他们在职业选择和发展上亦是如此。然而，部分大学生的职业价值观还存在着一些偏差，使得他们的职业选择与社会需求之间出现了较大反差。而他们的就业情况不仅影响其自身发展，也关系着社会的发展。当前，就业形势相对严峻，大学生面对就业做出了多种多样的选择。在与大学毕业生进行沟通与交流时不难发现，目前大学生的择业与就业标准日趋实际。与此同时，在新时代大学生职业价值观方面也表现出很多新情况、新特点。

1.新时代大学生职业价值观个性化凸显

将成就的实现视为最重要的因素，说明新时代大学生的职业目标并不是一味地追求金钱、名利等外在因素，而是更加注重自我价值的实现，更加凸显自我意识。新时代大学生个性张扬，自我意识强烈，不盲从、不跟风。在职业目标上不是简单地顺从长辈意愿，而是强调个人的能动性和主动性。他们敢于担当，对未来充满信心，希望自我奋斗，关注个人的发展，不委屈、不求全，主张顺从自己的内心感觉，选择自己喜欢、合适的职业。

2.新时代大学生职业价值观选择多元化

随着社会经济的发展、信息技术的进步，新四大发明逐渐渗透到人们的日常生活中，生活方式在不断改变。随之变化的还有更加宽泛的就业渠道、更加灵活的就业途径、更加新颖的职业门类。社会的迅猛发展使社会分工加剧，给人们的就业带来了丰富多样的选择。社会文化的多元化发展，也为大学生价值观的多元化提供了可能。由于生活环境的影响，新时代大学生的价值观已经深深地打上了时代的烙印，具有强烈的现代气息。社会上层出不穷的新兴职业和社会现象吸引着学生尝试各种新鲜岗位和生活方式，网络写手、化妆师、主播、游戏测评师等职业被相当比例的大学生所向往，职业价值定位达到前所未有的多元多样。

3.新时代大学生职业价值观追求务实化

在传统经济环境和体制下，大力倡导以维护国家集体利益和履行社会责任为职业追求的标准。大学生具有强烈的社会责任感，在职业价值追求上呈现着浓厚的理想主义色彩。本次调研数据，参阅了其他近期对新时代大学生的调查结果，对社会的促进因素的关注已渐渐减少，对个人发展、个人利益的关注越来越高，由此可见，新时代大学生价值观由以往的立志成才、报效祖国等理想主义逐步向现实主义和实际利益转化，职业价值追求更加务实，并带有一定的功利主义色彩。

4.新时代大学生职业价值取向矛盾化

在职业价值取向上，新时代大学生矛盾重重：理想很丰满，现实很骨感；贡献社会很崇高，个人利益难舍弃；专业学习非所爱，职业预期难实现……给大学生的职业价值取向带来了极大的困扰和不确定性。之所以存在这些矛盾，一是大学生受开放的成长环境和独特的教育文化环境等因素影响，普遍形成了强烈的自我意识，在价值评价中个体本位价值取向明显，难以形成群体职业认同；二是，大学生的价值观尚在形成与发展阶段，极易受外界环境的影响，传统的学校教育和复杂的现实教育之间的不一致性，往往给大学生带来思想上的困惑不解；三是，大学生长期身处象牙塔中，对社会压力尚缺乏足够的承受力，应对社会挑战的心理素质不够强大，在求稳和求变中经常摇摆不定。

四、新时代大学生职业价值观中需把握的几个关系

培育新时代大学生职业价值观关键要处理好职业价值观不同要素之间的关系，并根据不同时期、不同情况明确自己的职业核心需求，以便合理制定自己的职业生涯规划和相关策略。

1.处理好职业价值观与金钱的关系

金钱是对个人职业付出的劳动报酬，是在确定职业价值观时首先要面对的问题。有些经济条件不太好的大学毕业生在求职时，将金钱作为首选价值观，从根本上讲这并没有错。但是对于一些人来说，拥有的知识、能力、经

验和阅历还不足以使其一走上社会就获得大量金钱回报。怀有一夜暴富的心理是不正常的，更是危险的，容易被社会上的不法分子利用，甚至误入歧途。特别是面对严峻的就业形势，更应理性地降低对金钱的期望值，把眼光放远一些，应尽可能地将自我成长和自我实现作为在毕业求职时的首选价值观。

2.处理好职业价值观、个人兴趣和特长的关系

职业价值观、个人兴趣和特长是人们在择业时需要考虑的最重要的三个因素。在确定价值观时，一定要考虑它是否与自己的兴趣和特长相适应。据调查，如果从事自己不喜欢的工作，有80%的人难以在他选择的职业上成功；而如果选择了自己喜欢的工作则可以充分调动人的潜能，获得职业发展的原动力。此外，选择一项自己擅长的工作，也会事半功倍。

3.处理好职业价值观的排序与取舍的问题

职业价值观的特性决定人们不会只有唯一的职业价值观，人性的本能希望什么都能得到，但在现实生活中"鱼和熊掌是不可兼得的"。在职业选择中，人们也不能理性对待。既然是选择，就要付出代价，只有舍，才能得。所以，要对自己的职业价值观进行排序，找出自己认为最重要、次重要的方面，并提醒自己不可能什么都得到，否则就会患得患失，终其一生也不清楚自己到底想要什么，更谈不上职业生涯的成功和对社会的贡献了。

4.处理好职业价值观中个人与社会的关系

人不能离开社会而独立存在，个人只有在工作中为社会做贡献才能实现自己的职业价值。当然并不是说要忽略择业中的个人因素，只去尽社会责任，这样不但不利于个人，也是社会的损失。例如，让一个富有科学创造力、不善言辞的学者去从事普通的教师工作，可能使国家损失一项重大的发明，而社会不过多了一个也许并不出色的老师。因此，应反对只为个人考虑、毫不

考虑国家和社会需要的职业价值观。

5.处理好淡泊名利与追逐名利的关系

当一个人有了名利才有资格去谈淡泊，没有名利说淡泊，那叫"吃不到葡萄说葡萄酸"。名利是人的欲望使然，欲望可以使人成就伟大的事业，也可使人自我毁灭。以合理、合法、公正、公平的方式追逐名利在一定程度上对个人、对社会都会有益，但它需要有一定的度，该知足时则知足，该进取时则进取。

第二节 新时代大学生职业价值观引领的必要性

职业价值观对大学生的职业目标和择业动机起着决定性的作用，体现了大学生对各种职业价值的基本认识和基本态度，表明了大学生通过工作所要追求的理想，是他们在选择职业时的一种内心尺度。职业价值观支配着大学生的择业心态、行为以及信念和理解等。

国内外学者对职业价值观所下的定义繁杂，但从总体上看，它们的共同点是把职业价值观看作一般价值观在职业领域的具体体现。

一、当代大学生职业价值观的现状

随着社会形势的不断变化发展，我国大学生职业价值观也产生了一定的变化，调查结果显示，新形势下大学生的职业价值观呈现出新的特点。

1.职业价值主体追求个性发展

大学生就业调查报告显示，80%以上的大学生把"个人发展前景"作为选择工作的第一位。当前大学生具备了一定的创业意识，但多数大学生对自主创业持谨慎态度，认为目前自主创业的难度还很大。在就业形势日趋严峻的今天，大学生面对就业市场已经开始逐步回归理性，在强调个人选择的同时，也开始出现多元化选择；在注重一次性就业的同时，很多大学生也认为先就业、后择业也是一个很好的就业选择。

大学生积极寻求自我发展与社会发展的协调统一。在众多的择业因素中，大学生首先考虑的是"发挥个人才干""符合个人兴趣"和"实现个人抱负"。这说明大学生在择业时将对用人单位各方面的情况进行综合考虑，符合个人的特长、单位发展前景广阔、工作单位中人与人的和睦相处，都是影响其工作积极性的重要方面。同时，反映了他们寻求自我发展与社会发展相统一的价值观念，表明了实现个人价值和突出个性发展的观念正在形成。

2.职业价值选择注重经济收益

注重经济收益成为大学生职业价值判断的主导思想。应该清醒地认识到改革开放使得我国的经济在得到了高速发展的同时也对大学生的职业价值观、择业倾向产生了较大的影响。从大学生的理想月薪中可以清楚地看到，80%以上的大学生追求4000—8000元的月薪水平。为了追求更高的理想月薪，大学生的职业判断变得更加现实和功利。在择业的过程中，大学首先考虑的是用人单位的"经济效益""工资水平"等因素。把自身价值的体现作为大学生的薪酬标准本无可非议，但大学生也应该知道人才市场的行情和用人单位的实力也是影响就业薪酬标准的重要因素。大学生确定薪酬是必要的，这也是体现自身价值的一个方面，但要正确评价自己的价值，同时这个价值必须通过社会的检验。过高的薪酬期望或过分降低月薪的行为都是错误的。

3.职业价值实现途径多种多样

随着"国家宏观调控、市场导向、学校和有关部门提供就业指导和服务、毕业生和用人单位双向选择"的就业机制的不断完善，大学生自我意识水平有所提高和职业价值取向出现了多元化，高校毕业生愿意主动积极地参与竞争，通过各种不同途径来追求自我价值的实现。

随着互联网的普及和快速发展，大学生获取信息的渠道和途径变得更加容易和快捷，大学生可以多方面了解就业需求信息，并选择多种途径就业。如到学校就业指导部门、社会就业服务机构了解有关信息；参加各种形式的人才交流市场；借助老师、家长等社会关系的推荐；媒体和网络等渠道的招聘；主动到用人单位去寻找合适的工作岗位；参加学校组织的招聘洽谈会，签订就业协议；参加社会上的人才交流活动来落实就业去向；采取先学习深造而后就业的策略；等等。这些方面使大学生就业有更广阔的选择空间。

二、影响当代大学生职业价值观的主要因素

新形势下，影响大学生职业价值观的主要因素有经济因素、社会文化、学校教育模式以及家庭教育环境四个。

1.经济因素对大学生职业价值观的影响

经济因素对大学生职业价值观的影响是最根本的、起决定性作用。随着社会主义市场经济体制的完善,社会生活方式与社会组织形式都发生了变化，价值规律反映在大学生思想观念中的平等观念、权利和义务观念以及竞争意识，打破了大学生安于现状的心态，使大学生能站在社会价值的起点上重新

审视个人价值，能够深刻理解个人价值与社会价值的统一，从而形成大学生积极进取的价值观念。但同时也伴随着一定的负面效应，新的观念、文化不断涌现，悄悄地影响着大学生们的价值观念，大学生认识世界和改造世界的方式发生了变化。随着以公有制为主体、多种所有制经济共同发展的基本经济制度的建立，个人的经济地位和个人利益开始受到重视，崇尚个性解放、追求个人价值的社会风气盛行。平等与竞争共存的经济体制从各个层面深入影响和渗透到大学生人生观和价值观中，有些大学生开始注重眼前的生活享受，追求现实的物质利益，价值取向变得世俗化、功利化，大学生的职业价值观出现多元化、功利化趋势，过于注重自我价值的实现，强调追求个人利益。

2.社会文化对大学生职业价值观的影响

中国五千年的传统文化根深蒂固，但随着社会的不断发展，传统的思想观念逐渐转变，各种新思想、新观念不断形成、演变，但却没有确立一种具有主导作用的人生观和价值观。传统文化中消极、落后的部分对大学生的价值观念仍然有着重要的影响，特别是一些封建迷信、腐朽的人生观，如"人为财死，鸟为食亡"等，这对大学生的职业价值观影响较大。目前我国社会的主导价值观念仍然是社会主义和集体主义，而且现在的集体主义是以承认个人利益为前提的，这就把自我价值和社会价值统一起来了，也将有利于大学生进行职业选择时对社会价值的兼顾。与此同时，随着改革开放的不断深入和西方文化的渗透，各种消极价值观如拜金主义、享乐主义等腐朽思想也在滋生蔓延，这也导致了一些大学生片面强调自身利益，忽视社会价值的实现。

3.学校教育模式对大学生职业价值观的影响

学校教育模式对大学生职业价值观的影响也不可忽视。新形势下，帮助大学生树立适应社会主义市场经济发展要求的职业价值观是学校教育的基本任务之一，高校有必要也有责任担负起对大学生职业价值观指导教育的重担。现今，高校在就业指导过程中片面注重择业技巧和就业政策的指导，而对职业价值观的教育相对薄弱，这使得大学生就业期望值过高，择业目标盲目，不切实际。在市场经济条件下，许多大学生往往不能正确处理国家、集体和个人三者之间的利益关系。

高校的就业指导教育模式和内容相对滞后，使得大学生在择业的选择和择业中出现的各种困难得不到有效克服和解决。面对激烈的市场竞争，特别是高校扩招带来毕业生人员急剧增加，大学生在就业过程中出现了各种心理困惑和心理压力。学校的职业价值观、职业道德、就业心理辅导与咨询以及职业生涯规划设计相对欠缺，导致大学生的职业价值观念与市场经济的要求脱节。

4.家庭教育环境对大学生职业价值观的影响

家庭是社会的基本单位，也是大学生接受早期教育的重要场所。大学生在选择职业时，来自父母的看法与建议是他们必然考虑的重要方面。家庭的经济状况，父母的文化素质、价值观念、言行等，都会影响大学生的职业价值观。当代大学生有不少是独生子女，父母对他们过分疼爱，导致他们的动手能力差，缺乏独立解决问题的能力。这些将影响到大学生职业价值观的独立性维度和人际关系维度。

很多父母在家庭教育上存在着重大误区，一方面是在教育方法上，父母往往对孩子赋予了太多期望，而忽视了对孩子的培养，许多父母重视言传，却忽视了身教对孩子的熏陶和影响。另一方面是在教育内容上，父母由于对子女期望过高，将求稳定、保终身等传统观念灌输给子女，从而影响了当前大学生职业价值的选择。此外，大学生就业价值观也有明显的从众倾向，会受到其同龄群体的价值观念的影响。

三、大学生树立科学的职业价值观的途径

我国社会转型处于高速发展时期，大学生的职业价值观直接影响到大学生的职业选择，不良的职业价值观念导致他们在择业的过程中屡屡受挫。大学生作为社会中最年轻的知识群体、未来社会的中流砥柱，教育与引导其形成与当代社会需求相适应的职业价值观事关社会和谐与中华民族的长远发展。因此，应从政府、社会主导文化，学校教育和家庭教育等多方面加强大学生的职业价值观教育。

1.政府要为营造良好职业价值观教育的社会氛围提供制度保证

政府作为国家事务的领航者，应做到率先垂范。政府要进一步加强就业监督，完善就业法规建设，将就业工作纳入规范化、法制化轨道。要加大用人机制、单位编制等制度改革，扩大机关、事业、企业单位的用人自主权，使用人单位真正做到有用的人能进、无用的人能出，优才优用。

要进一步健全市场经济体制，在全社会树立一种平等竞争的理念对于大学生树立正确的职业价值观十分关键。大学生职业价值观的教育是一项综合的社会性工程，仅靠学校单方面的教育难以达到预期目的，应该配合一定的利益导向，有效实现对大学生集体主义价值观的传递。应深入开展社会公德、职业道德、家庭美德教育，大力加强社会主义精神文明建设，从而创造一种自我发展与社会发展相统一的职业价值观氛围，引导大学生将实现自我价值与承担社会责任相协调。因此，政府要为营造良好职业价值观教育的社会氛围提供必要的制度保证。

2.构建和谐的择业竞争文化,使大学生以良好的态势参与求职竞争

大学生是将来建设祖国的主力军,是引领社会变革的高智力群体。对大学生的道德培养不能脱离社会现实,应该立足于大学生自身素质现状,从构建社会主义和谐社会的高度,培育大学生科学的、和谐的价值观,进而指导大学生形成正确的职业价值观。

首先,要主动培养竞争意识。随着社会主义市场经济的不断发展和完善,通过人才市场竞争择业已成为大学生就业的主要途径。因此,主动培养竞争意识是大学生择业成功的关键。要具有不怕失败的参与意识和不畏强手的坚定信心。只有把握好每一次机遇,积极参与择业竞争,才有可能获得就业的机会。

其次,要及时调整择业方向。毕业生在择业竞争过程中,不能专注一个行业,要及时根据社会需要调整择业方向,扬长避短,变不利因素为有利因素,增加竞争的成功率,减少竞争的挫败感。

最后,要充分做好思想准备。当前,毕业生人数逐年增加,而社会接收能力有所削弱,大学生就业难的问题十分突出,在择业过程中竞争愈加激烈。因此,大学生在主观上要做好充分的思想准备,学校也应对此加大教育力度,通过开展心理辅导、心理调适等方式来缓解大学生在择业竞争过程中的压力,减少大学生心理压力问题的发生。应教育大学生放下思想包袱,积极参与,充分准备,调整好竞争心态,让大学生能以良好的态势参与竞争。

3.高校应加强对大学生职业价值观的教育

当代大学生职业价值观中还有许多消极的因素,应引起高校的重视。如何促进大学生形成适应当代社会发展要求的职业价值观,是当前摆在高校面

前的一个重要课题。

首先，高校应引导大学生确立合理的就业目标和正确的择业价值取向。合理的就业目标是指选择的职业既符合个人特点、个人能力，也符合社会需要，体现个人与职业的合理匹配，能充分运用所学知识，发挥个人优势，在为社会服务中最大限度实现个人价值的就业目标。择业价值取向就是人们在一定历史条件下，在择业这一行为中，对择业价值追求、定位、评价、选择的一种倾向性态度，也就是采取什么样的态度来对待社会价值和自我价值，并做出选择与追求。

其次，高校应加强对大学生的就业指导和教育。高校加强就业形势与就业政策的宣传教育，既要介绍本地区的就业形势，也要介绍全国整体的就业形势；帮助大学生了解自己的个性心理及职业对个性心理的要求，并加强思想教育和政治动员工作，引导大学生和家长认清当前就业形势，树立平和心态，从大学生自身条件出发确立就业期望和就业定位。

最后，高校应继续完善就业指导课程体系，努力提高大学生职业素养和就业能力。将大学生就业指导课程作为必修课或必选课列入教学计划，成立大学生就业指导教研室，切实加强师资建设、课程建设和教学研究。以就业指导课程为主渠道，以各类教育活动相辅，从学生入学开始，结合专业特点，分年级、有侧重地将就业指导、成才教育、创业教育等贯穿于学校教育的全过程，积极探索以提高大学生就业竞争力为核心的人才培养模式。

4.营造良好的家庭教育环境，促进大学生树立正确的职业价值观

家庭教育环境是一个软环境，它是与父母的思想感情、文化修养密切相关的。应优化家庭教育环境，为大学生职业价值观教育提供良好的家庭氛围，以利于形成大学生职业价值观教育的社会、学校、家庭的合力。父母作为子女成长中的导师和人格的奠基人，要想充分发挥父母言传身教的作用，必须不断提高自身的思想道德、科学文化等方面的素质，尽可能修养身心，完善自我。必须要转变教育理念，使家庭教育行为、教育方法从注重知识的灌输向注重培养与塑造人的健全完整人格、具有良好人文素质与涵养的现代人方向转变。父母应该从社会对人才的需求出发，加强对子女的教育，帮助他们把个人的理想和社会主义现代化建设的伟大实践结合起来，引导他们确立适应市场经济下的职业价值观念，克服择业过程中的盲目性和"大城市化"倾向。要把个人需要和自身价值实现同社会需要及"爱国、奉献"联系起来，树立为人民服务的崇高职业理想。父母要积极配合学校和社会，共同推动职业价值观的教育。职业教育要打破传统教育僵化、封闭的格局，追求社会、学校和家庭教育效果的和谐化、一体化和连贯性。为此，父母必须具备一定的主导意识、协同意识和交际能力，充分利用家庭教育的优势，延伸巩固学校教育，修正规范社会教育。

第三节 以社会主义核心价值观引领大学生职业价值观培育

青年的价值取向决定了未来整个社会的价值取向，决定着国家的前途命运。高校必须坚持立德树人教育，牢固确立德育在人才培养工作中的首要地位，积极引导大学生在勤学、修德、明辨、笃实上下功夫，注重发挥社会主义核心价值观的引领功能，树立积极向上的职业价值观，在价值选择和实践行动中坚守理想，担当责任，做人格高尚的新时代大学生。

社会主义核心价值观作为一种价值引领和精神追求，是当今社会培育大学生职业价值观的根本性导向目标。本节以社会主义核心价值观为指引，从强化大学生职业理想的教育引导、培育大学生改革创新的时代精神、增强大学生责任担当的使命意识、提升大学生职业道德的品质素养等四个方面阐述大学生职业价值观培育的内容要求和现实路径。

一、以社会主义核心价值观引领新时代大学生职业理想

理想是人生的指路明灯，职业理想是人们对未来职业的向往和追求。大学生职业理想，既体现他们对未来职业奋斗目标的追求，也彰显了他们对内心信仰的秉持。但在社会转型期，大学生的职业理想趋于功利化、物质化和非理性化，择业就业的随意性、盲目性和个人本位的倾向性明显。针对新时代大学生在职业选择上的态度和取向，高校要进一步强化在职业理想教育中的主体责任，紧密结合大学生成长成才的现实需求，广泛开展"中国梦"的宣传教育，以社会主义核心价值观引领新时代大学生职业价值观，引导大学生修德立身，树立远大理想。

1.契合新时代大学生自身实际，解决其思想困惑

职业理想可以激发大学生实现自我的欲望，在对欲望追求的过程中产生行为的动力，激发人不断进取。新时代大学生的思想认识和价值追求有着强烈的差异，存在多样、多变、多元的特点，高校要创新教育的理念、目标、方法，深化思想政治理论教育改革，用马克思主义中国化最新成果提升大学生明辨能力。为此，职业理想信念教育要立足大学生的实际，在原有的灌输讲授模式基础上再注入更加积极的参与实践模式，以更权威的专业素养回应大学生的关切，在平实的语言和叙述中，体现出思想政治教育的深刻穿透力。

高校要积极应对新媒体时代的挑战，充分利用信息传播的特点，将社会主义核心价值观中所蕴含的不同层面的价值要求，通过"解码"与"再解码"，实现社会主义核心价值观由国家话语向个体话语、由政治话语向生活话语的有效转化，将抽象、凝练的社会主义核心价值观与大学生的日常生活与学习有效结合，使之成为大学生愿意接受、心悦诚服的主流意识，从而不断提高大学生的理论素养和认知能力及各种非智力技能素质，实现化识为智、转智成德的目的，达到"润物细无声"的效果。同时，高校要着力建设体现时代特色的文化校园，挖掘优秀传统文化，充分发挥其在职业理想教育中具有的培育人、影响人、塑造人的独特作用。

2.满足大学生发展需求，发挥服务作用

职业理想是大学生科学合理地规划职业生涯和接受职业指导的动力因素。高校要以培养职业意识为目标，通过素质测评和职业能力倾向测试手段，帮助大学生根据自身客观实际和社会发展需要确立大学学习生活的阶段性目标，并不断进行修正和完善。高校要加大对大学生职业生涯规划意识和能力的培育训练，指导他们初步明确今后的职业发展方向，引导大学生将大学学习同今后的职业发展紧密联系起来，调整规划方案，优化知识结构，提高就业能力。高校要重视新时代大学生实践能力、职业素养和创业意识的培养锻炼，通过组织以志愿服务为主体内容的社会实践，使他们在实践中了解现实，开阔视野，增长才干，主动适应职业要求。高校要努力营造校园内外互动与服务的环境，有目的地加强就业形势政策、法律法规的宣传教育，组织开展择业指导、创业培训、政策咨询、项目论证等差异性辅导，同时为其提供信息咨询和就业推荐服务，为大学生择业就业创业提供帮助。在大学生整个职业生涯过程中，职业理想教育指导渗透其中，必定能发挥重要作用。

3.针对大学生择业需求，引导其树立崇高目标

马克思提出要把"有尊严、深信其正确、能为我们提供广阔场所的完美境地"等视为职业理想，以"人类的幸福和我们自身的完美"为职业目标，为新时代大学生指明了职业选择的基本原则。高校要帮助新时代大学生树立正确的择业观，把个人的理想抱负与时代和人民的要求紧密结合起来，摆正个人位置，把追求个人利益与个人对社会应尽的责任结合起来，自觉投身到中国特色社会主义建设的事业中去。高校要充分尊重大学生合理的利益诉求，并善于保护和利用好其追求自身正当利益所激发的热情，引导大学生树立正确的利义观，调整心态，正确看待物质和金钱及个人得失，把服务社会与实现个人价值需要结合起来，以国家和社会需要为目标，在与祖国和人民的同行努力中书写精彩的人生。高校要充分利用政策措施的社会利益调节功能，如鼓励大学生到西部、基层和艰苦地区工作，制定并出台进一步激励大学生择业、就业、创业的相关政策措施，有效实现对大学生职业价值观的传递。

二、以社会主义核心价值观培育新时代大学生改革创新精神

黑格尔指出："时代精神是每一个时代特有的普遍精神实质，是一种超脱个人的共同的集体意识。"在建设中国特色社会主义伟大事业的创造性实践中，在中国共产党的领导下，中华民族形成了以改革创新为核心的时代精神。它反映了社会进步的方向，引领着时代发展的潮流，是社会主义核心价值观的精髓，是我们民

族生命力、创造力和凝聚力的集中体现。在新时代大学生职业价值观培育中融入时代精神，是新时代大学生接力改革开放事业、实现"中国梦"的内在要求，更是新时代大学生成长成才的重要品质。

1.激发新时代大学生创新创造的热情与潜力

新时代大学生最具创新热情和创造潜力。高校要结合时代要求，积极引导大学生从马克思主义理论中汲取营养，树立科学的世界观，掌握正确的方法论，培养勇探真理和勇攀高峰的科学精神，努力做勇于和善于创新的先锋。高校要大力培育大学生的创业精神、进取精神和开拓精神，培养他们强烈的创新意识和高超的实践能力，养成随时记录思想火花的习惯，激发大学生的精神潜能、发展潜能和创新潜力，增强大学生的生存力、竞争力和探究力，培养大学生的创新勇气和创新思维，不断提高大学生实践能力、适应能力、应变能力和分析并解决问题的能力，努力塑造富有批判精神的品格，不唯书，不唯上，只唯实，把大学生培养成符合新时代发展需求的创新复合型人才。

2.发扬新时代大学生自强不息的奋斗精神

"天行健，君子以自强不息。"新时代大学生正处在人生长跑的新起点，正是引导他们树立远大理想、立志干大事的良好时机，高校要用自强不息的奋斗精神进行感召，引导大学生牢记"忧劳可以兴国，逸豫可以亡身"的哲理，不贪图安逸，不断开拓精彩的人生和辉煌的事业。新时代大学生要牢记"天下大事，必作于细"的古训，胸怀大志，从小事做起，从基础做起，少些牢骚，多些行动，用脚踏实地的行动创造实实在在的业绩，做生活的强者。新时代大学生要牢记"艰难困苦，玉汝于成"的道理，不畏艰险、迎难而上，以平和之心直面高潮与低谷，以豁达之态对待坎坷和失去，在逆境时不停止追寻，在顺境时不忘省察，把艰难困苦作为成功的摇篮，在千磨万击中历练人生、收获成功，积极投身改革开放的伟大事业。

3.营造新时代大学生成长成才的环境氛围

大学生活的充盈不仅在于自主自由地学习，更在于主动地实践。高校要始终把培养创新精神和实践能力作为大学生人才培养工作的核心，在课程设置、课堂教学、实验实训等各个方面努力为大学生搭建平台、创造条件。高校要紧紧抓住"主渠道"，发挥专业课中各个教学环节的融入渗透作用，把大学生专业学习与创新热情有机结合起来，重视把改革创新的时代要求融入大学生成长成才的全过程，使之成为丰富和发展时代精神的主体。高校要积极鼓励大学生深入基层一线去，在实践的熔炉中增长知识，感悟真理，体验经典，砥砺品质，增长才干，提升能力。高校要在全社会形成培育人才、尊重人才、用好人才的社会制度环境与文化舆论环境，努力为培养创新型人才营造良好的社会氛围。

三、以社会主义核心价值观引领大学生责任担当的使命意识

古罗马思想家西塞罗认为："生活的全部高尚寓于对责任的高度重视，生活的耻辱在于对责任的疏忽。"责任是使命的召唤，责任意识是一种自觉意识。新时代大学生职业价值观的培育应从社会主义核心价值观中汲取理论智慧和实践营养，把核心价值观的要求转变成大学生的日常行为准则，锤炼大学生奉献祖国、服务社会的"笃实"责任感与使命感。

1.强化新时代大学生的社会责任认知

责任认知是增强新时代大学生责任自觉、主动承担应尽责任的关键。培育大学生的理想自我尤其需要在激发个体社会性潜能的基础上，将隐蔽于其本性中的个体自觉引向社会自觉。强化新时代大学生的责任认知，要以追逐中国梦和实现成才梦为己任，全面准确把握国家责任、社会责任和个人责任的关系。高校要充分利用好课堂这个主阵地，坚持理论联系实际，积极引导新时代大学生正确认识改革开放取得的巨大成就，感悟个人在社会发展中的责任和使命。要充分认识到新时代大学生责任意识是一种自律意识，它的培养是一个循序渐进的过程，需要家庭、学校和社会三方积极配合，给予他们更多的关注、宽容和思维发展空间。高校要通过普法教育进一步提高新时代大学生的社会公民意识，引导他们自觉地把社会的需要内化为个人的成才目标，在对社会的奉献中实现自我价值的实现。

2.增进新时代大学生的社会责任认同

高校要激发新时代大学生履行社会责任的意识，仅仅停留在认知层面是不够的，还需要进一步增进新时代大学生的社会责任认同，对各种社会行为具有明辨是非的能力。这不仅是一个思想认识问题，更是一个实践问题。社会实践为培养新时代大学生的社会责任情感提供了广阔的背景，对于促进新时代大学生了解国情、奉献社会具有不可替代的作用。高校要引导和鼓励新时代大学生通过暑期社会实践活动、志愿者服务、扶贫帮困等公益活动，了解社会，认识国情，走出校门，深入基层，进一步强化新时代大学生的社会责任认同，不断增进对祖国和人民的感情。从个体自身的角度来看，个体应积极提升自我认知，升华自我价值，积极参与社会实践，准确定位自我，实现个体认同与社会责任认同的统一。

3.引导新时代大学生自觉履行社会责任

新时代大学生在面对应承担的社会责任时所表现出来的态度和行动，是其责任认知和社会责任认同的外化表现。心理学家威利斯认为，有无榜样与大学生责任心存在显著相关性。榜样示范可以有效改变大学生履行社会责任的主观态度，同时可以控制、矫正、终止不负责任的行为。高校要依据新时代大学生的心理特征和行为特点，突出吸引力，选择在某一方面具有特殊贡献的榜样人物。高校要注意贴近性，选择发生在新时代大学生周围的有血有肉的身边榜样，从而自觉学习和仿效，使"典型效应"发展成为"群体效应""社会效应"，激发起新时代大学生"努力向学，蔚为国用"的社会责任感。

四、以社会主义核心价值观引领新时代大学生职业道德素养

职业道德是人们在进行职业活动过程中一切符合职业要求的心理意识、行为准则和行为规范的总和。职业道德是一种内在的、非强制性的约束机制。我国现阶段各行各业普遍适用的职业道德的基本内容，即"爱岗敬业、诚实守信、办事公道、服务群众、奉献社会"。部分新时代大学生在择业、就业、创业中表现出来的缺失诚信、缺乏吃苦耐劳精神等职业道德问题，特别是近年来发生的部分大学毕业生利用专业知识犯罪的案件，为高校思想政治教育敲响了警钟。高校应以社会主义核心价值观为引领，加大新时代大学生职业道德教育的力度，帮助新时代大学生形成高尚的职业道德，为新时代大学生将来的职业生涯奠定良好的道德基础。

1.培养诚实守信品质

古语有云："君子修身，莫善于诚信。"诚信是每个大学生应有的道德基础，是中华民族的传统美德，也是全人类所认同的道德规范。高校要强化大学生的价值认同，树立诚信为本、操守为重的信用意识和道德观念，奠定立足现代社会的道德基础。高校要进一步加强大学生思想道德修养教育，诚实做事、诚信做人，言行一致、表里如一，自觉端正态度，坚守道德规范，以良好的道德素质和精神风貌，赢得用人单位的信任。大学生要树立诚信择业、就业、创业的意识，自觉调节好个人与个人、个人与他人、个人与企业、个人与社会之间的关系，做到言必行，行必果，做一个诚实守信的人。

2.树立团结协作意识

和谐共处是一门学问，更是一种境界。现代社会分工越来越细化，社会对合作的要求也越来越强烈。高校要把培养学生的合作意识与合作能力放在重要位置，引导大学生学会与他人和谐共处，互相尊重、赏识、包容，收获真挚的友谊；珍惜时间，珍爱生命；学会与社会和谐共处，尊重不同的文化，遵守社会的法律规则，尊重社会的风俗人情，尊重文明的传承创新，把自己锻炼成为与经济社会发展相适应、受用人单位欢迎的德才兼备的优秀人才。

3.弘扬敬业奉献精神

敬业是公民的重要价值准则，也是最基本的职业道德要求。高校要培养大学生立足本职、恪守职责、踏实工作、任劳任怨、积极进取的职业态度和工作作风，为实现自我价值和个人的全面发展打下扎实的基础。高校还要注重对新时代大学生乐业意识、承担意识和大局意识的培养，营造良好的职业生态环境，不断增强大学生的自我主体意识、公平竞争意识和现代职业价值观念。敬业更是一种情感，唯有对自己的职业投入情感才能更容易在工作中取得突破；唯有尊重自己的劳动成果，才能创造辉煌。

综上所述，以社会主义核心价值观引领新时代大学生职业价值观的培育是一项复杂艰巨的综合性系统工程，要实现理想状态的自我建构，一方面离不开立足于公平正义理念的社会制度和崇德向善的社会环境；另一方面需要高校思想政治教育积极贯彻自主和实践的观点，回归现实生活，进行正向引导，积极培养学生的理想自我。只要坚持不懈、持之以恒，只要人人参与、人人实践、多管齐下、同心协力，不断改革大学生思想政治教育教学内容与方式，扎实有效地开展工作，就能确保新时代大学生职业价值观培育工作取得实效。

第五章 新时代大学生消费价值观培育研究

第一节 新时代大学生不良消费行为及成因

当今社会日新月异，经济发展水平不断提高，市场经济也不断健全。与此同时，人们的消费水平和消费行为也随着经济的飞速发展而产生了很大的变化。消费行为是指人们消耗资源来满足自己生活需要的过程。大学生是一个特殊的消费群体，他们的消费现状在某种程度上折射出当今大学生的生活状态和价值取向，他们的消费行为自然而然也会引起全社会的关注。当今社会上，大部分大学生的消费行为还是比较正确的，但也不乏一些不良的消费行为充斥在大学生的生活中。他们盲目消费，互相攀比，没有计划胡乱消费，严重影响到了自身和社会的健康发展。

研究表明，大学生除基本生活、学习消费之外的其他消费占到总消费的一半以上，大部分为不良消费。关注大学生的消费行为，引导大学生科学消费，可以使大学生在校时合理使用有限的经济收入，进行科学消费。

一、大学生的不良消费行为及其表现

1.奢侈浪费严重，消费不受限制

如今的大学生多数是独生子女，从小在父母的细心呵护下长大，没有吃过多少苦，没有真正体会到经济带给生活的压力，所以消费不节制，以自我为中心，奢侈浪费现象时有发生。比如，嫌弃食堂的饭菜不好吃便每天去饭店里面点菜吃饭，不合口味的饭菜随手倒掉，喝不惯学校的水便每天都买矿泉水喝，诸如此类的现象时有发生，这些其实便是不良的消费行为的具体表现。

2.消费结构不合理，享受性消费比重较大

当今大学生的消费结构早已不同于以前，他们将消费的重点转移到了享受性消费，而不是最初的生存性消费。他们在日常生活必需品上的消费支出其实要远远少于其他开支，诸如烟酒、化妆品以及在一些社交方面的享受性的支出。这样就大大加深了大学生消费的不合理性。其实，享受方面的支出有时也是必要的，但是如果过多地把时间和金钱浪费在享受性消费上面，就会导致不良消费习惯的形成，久而久之，也就很难改掉这种不良的消费行为。因此，应该合理地控制享受方面的支出。

3.消费不理性，盲目消费

现在的大学生消费时不够理性，很容易受到外来因素的影响，盲目消费。他们消费时并不会只是自己需要什么买什么，而是觉得有意思的东西便会买走；或者看到有很多人买，自己也想凑个热闹，便会把东西买走。有时店家的吹嘘也是助长这种不良风气的原因之一，他们对产品的吹嘘会使大学生信以为真，以为商品真的像店家所推荐的一样好，毫不犹豫地将自己不需要的东西买走，这样便养成了盲目消费的坏习惯。

4.相互攀比，追求名牌

大学生攀比心理使其买了许多不该买的东西，并且养成了非名牌不买的坏习惯。看到自己的同学买了什么东西并向自己炫耀，自己也会想买，可能只是为了满足自己的虚荣心就不计后果地把东西买回来，其实自己本来并不需要。看到别人穿名牌自己也要买名牌，在这种心理的影响下，不知不觉地就胡乱消费，只注重品牌而不注重质量，浪费了金钱和时间，长此以往，给自己和家庭都带来了负面影响。

二、造成大学生不良消费行为的原因

1.社会因素

（1）当今社会飞速发展，市场经济不断完善，产品结构也日趋多样化，产品种类更是不断增多，商家也不断推陈出新，市场上的商品种类比以前多了上百倍。这些因素都给大学生的消费提供了更广的范围，也提供了消费的客观条件。

（2）今天的大学生全方位地接触社会，社会中的一些攀比和奢侈浪费等不正确的价值观无时无刻不在侵蚀着大学生的思想，给大学生带来了很深的影响。有的大学生受社会上不良思潮的影响，已经逐渐淡忘了勤俭节约和艰苦奋斗等中华民族优秀传统美德。

（3）社会整体的市场环境不能给大学生带来正面的影响，尤其是一些不良商家抓住大学生好奇、贪图新鲜的心理，投其所好，迎合大学生口味并适时推出一些商品，如一些明星海报、电视、电影等周边产品，这些满足了大学生"追星"的心理，吸引了大学生的注意力。不良商家所推出的一系列价钱高、用途少的商品专门迎合一些大学生的不良消费观，使大学生陷入商家的圈套中，购买一些不必要的商品。

2.文化背景因素

大学校园文化的特征具有开放性和超前性。大学生和社会上的新鲜事物接触得比较多，也能够更多、更快地接触西方文化，这使得当代大学生在思想特征、价值选择、行为取向和生活方式等方面受到西方不良思想和文化的影响而迷失自我本来的正确的价值观念。这些不良思想严重影响了大学生合理消费结构的确立，使其迷失在西方不良的思想中而无法自拔。

3.家庭因素

当代大学生大部分是独生子女，许多家长对子女的消费都是尽量满足，子女要什么家长就给什么。家长的有求必应，对大学生不良消费习惯的养成有很大的责任。经济条件优越的家庭，为大学生的高消费提供了经济基础，创造了条件，这使得大学生在消费时不会考虑自身和家庭的经济状况，喜欢的商品就买到手，不能够理性消费。

4.学校教育因素

学校的教育在个人成长过程中是不可或缺的一环，其对于个人品行、道德等方面的培养都是十分重要的。但是，学校在消费方面的教育比起其他方面的教育就显得要薄弱一些了。不仅在义务教育期间，甚至在大学期间，学校也没有专门设立消费方面的课程，在帮助学生树立正确的消费观这一方面所尽到的责任是十分有限的。所以，消费方面教育的薄弱，教育制度的不健全都对大学生的消费行为产生了负面影响。

第二节 以社会主义核心价值观
引领大学生消费价值观培育

大学生数量庞大，他们的消费能力是不容小觑的。而怎样找到大学生理性消费和大学生健康成长的平衡点，以社会主义核心价值观引领大学生消费价值观培育，还需要社会、学校和学生自身三方面的共同努力。

一、社会

1.培育社会文明消费新风尚

当前社会中存在不少过度消费、超前消费的现象，虽然这样的消费行为在短时间内会促进经济的增长，但长此以往必定会影响国家的进步发展和社会的稳定运行。享乐主义、奢靡之风带来的不仅仅是资源的浪费，更严重的会造成社会风气的败坏。习近平总书记曾说过："艰苦奋斗、勤俭节约，不仅是我们一路走来、发展壮大的重要保证，也是我们继往开来、再创辉煌的重要保证。"因此，全社会要逐渐形成理性消费、合理消费的良好消费局面，通过各种活动来推动人们思想的转变，杜绝不良消费习惯。

2.加大对各种媒体的监督力度，积极传播正能量

随着信息网络技术的发展，各种大众媒体给人们日常生活带来了极大的便利，"秀才不出门，便知天下事"已经成为人们日常生活的真实写照。但网

络上也有不少虚假有害信息，对大学生价值观的形成影响较大。因此，必须加大对各种媒体的管理和监督力度，从源头上减少甚至遏制虚假有害信息的传播。充分发挥媒体的传播速度快和传播范围广的优势，积极传播正能量，使媒体在社会舆论引导、价值引领和社会共识凝聚等方面发挥良好的促进作用。

二、学校

1.引导教育，培育大学生健康消费观

首先，要引导大学生树立正确的消费观念，养成适度消费、理性消费、绿色消费和勤俭节约的好习惯。根据自身的实际需要和经济状况选择适合自己的产品，在满足自身消费需求的同时也能享受消费带来的乐趣。其次，学校可以根据大学生的实际情况开设理财课程，培养大学生的理财意识，使大学生明白钱财来之不易，改正错误的消费习惯，养成正确的消费观。最后，学校可以通过组织以"树立正确消费观"为主题的校园短剧演出，或是张贴宣传海报等方式，为大学生营造出一个健康、合理消费的氛围。

2.打造业务好、政治强、人格正的教师队伍

习近平总书记在学校思想政治理论课教师座谈会上强调："青少年阶段是人生的'拔节孕穗期'，最需要精心引导和栽培。"青少年要想扣好人生的第一粒扣子，需要来自多方面的帮助。这种学校思政课教师的教育引导对大学生的成长有着至关重要的作用，因此学校要重视思政课教师的聘用和考核。

作为一名合格的思政课教师，要时刻铭记教育工作"培养什么人、怎样培养人、为谁培养人"这一根本问题，坚持立德树人的原则，在帮助大学生用学到的马克思主义理论的观点和方法去分析问题、解决问题的同时，也要

善于发现和捕捉大学生身上存在的问题，将理论结合实际，增强思想政治理论课对大学生的吸引力，帮助大学生扭转不合理的消费观念，自觉抵制不合理的消费行为，切实发挥好思想政治理论课的育人作用。

三、学生个人

1.养成正确的消费观念和消费行为

大学生要自觉抵制不合理的消费行为，和享乐主义、奢靡之风说"不"，树立正确的消费观念，尽量避免不必要的支出，养成勤俭节约、艰苦奋斗的好习惯，不断丰富和提升自己的思想境界，主动追求精神上的富足。可以做个记账本，记录自己的日常消费，既能清楚地了解自己的钱花在了什么地方，同时又能对自己的消费行为进行反思，逐渐养成理智的消费观念。

2.用新时代新思想武装自己

作为马克思主义中国化的最新成果，习近平新时代中国特色社会主义思想是党和人民实践经验和集体智慧的结晶。作为新时代的新青年，要努力学习习近平新时代中国特色社会主义思想，用新时代中国特色社会主义思想武装自己的头脑，全面提升个人的思想政治理论素养，补足精神上的"钙"。努力学习科学文化知识和专业技能，不断提升自己、充实自己，掌握真本领，将青春之小我融入新时代改革开放的广阔天地中，担当起实现中华民族伟大复兴的责任。

第六章 新时代大学生思想引领创新研究

做好新时代大学生思想引领是当前高校思想政治教育工作的基本要求和使命。高校立德树人应因事而化、因时而进、因势而新，切实肩负起新时代赋予的新使命，以习近平新时代中国特色社会主义思想为指导，积极推动新时代大学生思想引领工作创新，把新时代大学生思想引领工作做实、做深、做细，是当前高校贯彻落实党的教育方针路线的必然要求，也是促进新时代高校思想政治教育发展的一项重要战略任务。本章分为五个专题，从实践层面介绍新时代大学生思想引领创新实践路径。

第一节 "三全育人"和"三自育人"的体系构建

对于高校来说，人才培养是核心工作，立德树人是人才培养的前提，而思想引领又是立德树人的保障。人才培养和思想引领有两个主体：教师和学生；高校"三全育人"（即"全员育人、全方位育人、全过程育人"）的主体是教师，包括专业教师、管理人员、辅导员等；"三自育人"（即"自我教育、自我管理、自我服务"）的主体是学生。高校要做好人才培养这一核心工作，关键是要发挥好两个主体的作用，平衡好两者的关系，建立一个良好的思想引领生态体系。

一、当前高校人才培养思想引领体系中存在的问题

1.“三全育人”过程中存在教条化和空心化现象

“三全育人”针对专业教师、管理人员和辅导员不可能做到统一标准和统一要求，导致专业教师、管理人员和辅导员都不清楚“三全育人”中各自的界限在哪里，原则是什么也常常被模糊。专业教师、管理人员和辅导员虽然工作职能各有侧重，但人才培养的目标是一致的，而且三者的人才培养作用是相辅相成的，缺一或偏废都会导致人才培养目标达成的功亏一篑。具体问题是专业教师、管理人员和辅导员“各司其职”，专业教师只顾教书育人，管理人员只管服务工作，辅导员就是管好学生不出事或者哪个专业教师“过于关心”学生的思想问题或服务工作中存在的状况，解决问题和反馈情况后得不到尊重、理解和支持，甚至会被扣上不务正业或多管闲事的帽子。辅导员发现某个教师上课时经常有不当言论或教书不育人，却常常三缄其口，选择不了了之，选择反映问题又顾虑重重，往往造成师生关系紧张，最终导致学生课业成绩不佳。这些问题、矛盾的存在往往是由于缺少制度理念的顶层设计和日常工作中的工作协调机制缺失而造成的。

2.“三自育人”过程中存在机械化和形式化现象

“三自育人”是高校对学生的要求和期望，而在实际的高校校园生活中，“自我教育、自我管理、自我服务”和“受教育、受管理、受服务”之间的尺度和界限在哪里，往往存在谁也说不清、道不明的情况。“三自育人”是发挥学生作为高校主体作用的重要指导思想，教师也都认可，学生也跃跃欲试，

希望体验学校主人翁感受的同学不在少数。但在高校实际工作中，由于缺少相应的工作措施和实施方案，相关的职能部门并没有主动思考如何把学生参与的内容制度化、规范化和常态化，导致学生在实际校园生活中的主体性并没有凸显，学生在教育、管理和服务工作中往往缺少参与的机会和平台，即使有机会参与其中，从属特征也往往非常明显。参与机会的偶发性和临时性造成参与学生的思想认识和准备不足，相关专业性知识和技能储备缺失，这也使得参与的效果和反响不佳，相应职能部门主动推进学生"三自育人"的积极性就会消退。

3.高校传统师生关系存在二元对立的价值取向

习近平总书记强调："办好思想政治理论课关键在教师，关键在发挥教师的积极性、主动性、创造性。思政课教师，要给学生心灵埋下真善美的种子，引导学生扣好人生第一粒扣子。"促进和培养学生成长、成才离不开融洽的师生关系和良好的师生互动，而当前高校中普遍存在的问题是师生关系不融通、沟通联系少、互动交流形式化。造成这种现状的原因，一方面是"三全育人"和"三自育人"的要求没有被真正贯彻落实，另一方面是没有把"三全育人"和"三自育人"两者有机融合，协同互动地推动学生成长、成才。优良的高校师生关系应以"教师—学生"为双核，教师是主导，学生是主体，学生是被关心、引导和教育的对象，教师的回报就是学生的感恩、尊重和成长、成才。而高校的现实状况是："教师—学生"平等互动的双核关系被以教师为中心的"满堂灌""全包干"或"一手抓"的单核状态所替代，教师的主导地位被过于强化，平衡的师生生态关系被打破，导致学生在校园生活的方方面面被从属化；或者学生在高校的学习和生活中得不到足够的授权，缺少以平等主体的身份与教师之间的交往互动，可能是因为高校工作的惯性或是教师对学生缺乏足够的信任、耐心。然而，这不正是高校人才培养的责任所在吗？

当教师以学生学习知识技能为教学任务，立德树人的使命就会被淡忘。于是，虽然高校教师把时间精力大量用在学生身上，但学生并不能理解并珍惜教师师的劳作过程与成果，甚至出现情绪对立，认知曲解，成长、成才感受缺失等问题，师生关系无法融通，导致高校人才培养体系建设的出发点与效果事与愿违。

二、"三全育人"和"三自育人"二维一体的思想引领生态体系构建路径

习近平总书记在全国高校思想政治工作会议上指出："要坚持把立德树人作为中心环节，把思想政治工作贯穿教育教学全过程，实现全程育人、全方位育人，努力开创我国高等教育事业发展新局面。"高校人才培养的初心就是立德树人，因此高校应从人才培养模式出发，着力优化培养体系中存在的问题，回归人才培养的初心。在这个原点上，根据科学的教育理念，营造良好的"三全育人"和"三自育人"的校园文化氛围，落实好统筹协调机制，在实际工作中有计划、有措施地层层推进，引导全体师生身体力行，使"三全育人"和"三自育人"由理念化为行动，通过做好制度层面的顶层设计，使两者有机融合，协同互动地推动学生成长、成才，从而使大学校园形成一个人才培养的生态体系。以下根据苏州大学文正学院的创新实践，介绍"三全育人"和"三自育人"二维一体思想引领生态体系构建的研究。

1.生态体验理论是"三全育人"和"三自育人"二维一体思想引领生态体系构建的理论基础

生态体验理论是关于三重生态及其结构化关系的学说，所谓"三重生态"

是指：一是元生态，即人与大自然的关系；二是类生态，即人与人、人与文化、人与族群的关系；三是内生态，即人与其身心的关系。在三重生态观下架构起来的生态体验模式，其实践形态是全息体验、互动陶冶、群集共生。高校师生关系涵盖于生态体验理论"三重生态"中的类生态，因此本体系研究的只是高校整体生态体系中子体系下的一个局部生态构建。如图1所示：

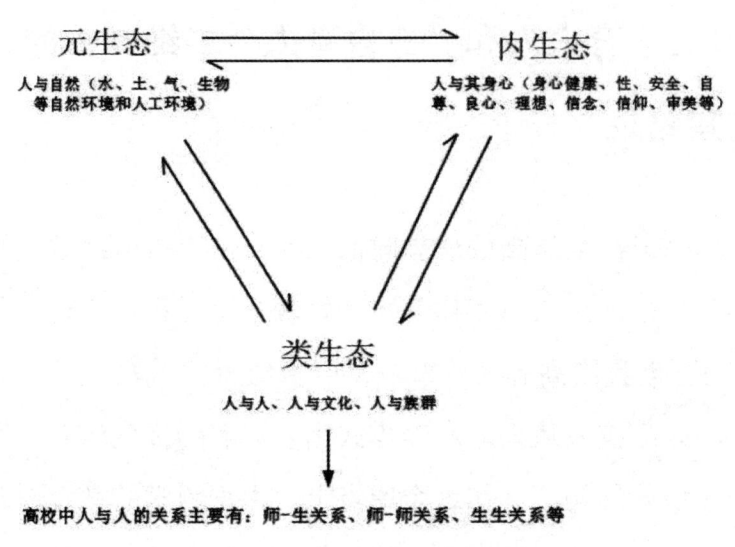

图1

2. "三全育人"体系是"三全育人"和"三自育人"二维一体思想引领生态体系构建的核心

中共中央、国务院印发的《关于加强和改进新形势下高校思想政治工作的意见》（以下简称《意见》）中提出，坚持全员、全过程、全方位育人，高校要把立德树人作为根本任务，融入思想道德教育、文化知识教育、社会实践教育各环节，把思想政治工作贯穿教育教学全过程，把思想价值引领贯穿教育教学全过程和各环节，形成教书育人、科研育人、实践育人、管理育人、服务育人、文化育人、组织育人的长效机制。"三全育人"体系构建核心就是打破专业教师、管理人员和辅导员全方位全过程育人的身份职责束缚，确保全员立德树人，融通全员育人和全方位全过程育人的关系和内涵，让全员全过程全方位育人有制度、有方案、有抓手。具体措施有：

首先，根据《意见》精神，把"三全育人"理念落实到制度规范和工作要求上，在学院教职工管理办法、教职工岗位职责、班主任聘用条例、职称评审办法、教师教学工作条例、青年教师培养实施办法、管理骨干培养对象选拔实施办法、教职工考核工作实施办法等学院基础性规章制度中，把"三全育人"的要求形成制度条文，逐步形成一岗多责、专兼结合、综合考核评价的体系。通过顶层制度设计，把高校人才培养工作这个框架里的各项要求，细化成职责，逐一分解和落实到全体教职工的身份中，一方面从根本上扭转了"教书不育人""管理轻育人"的现状；另一方面改变了"辅导员工作是个筐，什么都能装"的积弊，有利于辅导员的专业化和职业化发展。此体系鼓励和要求专业教师担任班主任，或担任社团指导教师。职称评定和工作考核必须要有班主任或导师工作表现评价，评奖评优和职级晋升都要对班主任或导师等兼职进行考核，并通过激励机制，鼓励专业教师和管理人员专职做强，兼职做优、做久、做深。

其次，校领导、部门负责人、院系负责人、专业负责人率先垂范，以同样标准和要求担任班主任和各类导师等兼职，在全校营造浓厚的全员全过程全方位育人氛围。校领导、部门负责人担任班主任或其他导师，一方面既增加了和学生的联系交流，更加了解和熟悉学生的日常学习和生活状态，在制定和执行涉及学生权益方面的管理服务事项的规章制度时，就会更多考虑学生的需求。另一方面，通过身体力行，更能了解一线教师、管理人员和辅导员的实际工作状况，可以及时发现和调整学校管理中存在的问题和痛点；院系负责人、专业负责人担任班主任和各类导师的角色，更能体会到教书不育人带来的问题和后果，更有利于在教学育人中落实课程思政的自觉性和主动性。在实践探索中，"人人都是班主任，个个都是教务员"已不仅仅是一句口号，更是学校"三全育人"要求的彰显和全员立德树人的日常写照。

最后，做好全员全过程全方位思想引领体系构建，力求做实、做细、做深，不走形式。无论是兼职担任班主任还是各类导师中的任何一个身份，都要承担该集体中立德树人的职责。例如，担任班主任，学院有关学生管理、教育、教学方面的工作都通过班主任来落实，班主任既要做好班级学生日常管理工作，如团员推优、党员发展、奖助学金评定、班风学风建设检查、宿舍安全卫生等工作，同时对完全学分制条件下的教学管理也要了解和熟悉等。其他负责人担任班主任工作，也是同样的要求和标准。考核评定，有力地推动了学校全员全方位全过程育人的格局形成。

3. "三自育人"体系是"三全育人"和"三自育人"二维一体思想引领生态体系的基础

根据生态体验理论，高校三重生态体系之类生态中最重要的关系之一就是师生关系，只有全面创设好师生结构化关系，教师和学生才能和谐共处，共同成长。因此，如果说"三全育人"体系确立了高校教师的主导地位，那么"三自育人"体系建构的关键就是要体现双核心和凸显学生主体地位。"三自育人"体系的构建要紧密围绕和全面对接"三全育人"体系。

在学校、二级院系和基层班级社团等三个层面全面架构各类学生自我教育管理服务的组织体系，为学生体验学校主人翁角色提供更多更宽更广的机会平台。"三自育人"体系构建的出发点就是搭平台、给机会，推动学生全面了解和参与学校教育管理服务工作，提升学生主人翁体验，这个体系必须面向和覆盖全体学生、必须让每个同学知道和了解，让有意愿的同学都有机会和可能，并有足够的平台和舞台参与体验，因此，"三自育人"体系的建构必须全面关注和聚焦高校三个层面学生组织团队的建设和作用的发挥，在强化班主任和导师思想引领的基础上，要把高校人才培养的目标落细、落小、落实，从而有效推进良好校风、学风的形成。学生在参与教育管理服务的过程中融通了各种关系，得到了锻炼和成长，学生主体性得到凸显，尊重和发展的需求得到了满足，同时高校人才培养的目标得以实现。本个案高校创设的"三自育人"学生组织团队体系架构图如图 2 所示：

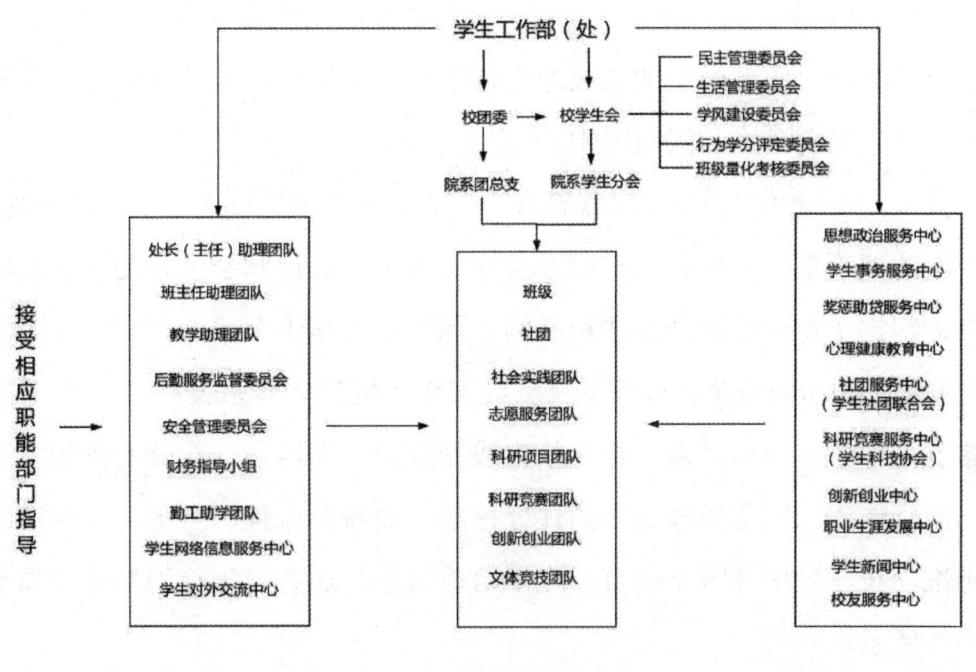

图 2

本个案实践中，对学校、二级院系和基层班级社团等三个层面的学生组织从设置、职责和工作规范等各方面进行统一的要求，并落实成为制度条文《学生组织工作规范指南》《学生组织定岗定编定职责》《班级学生干部设置、职责及要求》等，让学生参与学校教育管理服务有章可循、有规可依，大大提升了学生"三自育人"的质量和效果，而且各类组织和团队管理服务监督职能具有长期性和稳定性，形成了独特的团队氛围、文化传承，具备自我发展、创新和提升的原动力，而这正是高校人才培养体系所要的氛围和环境。另外，指导教师在组织和团队中的引领和表率，对推动学生参与融入体验并发挥主体作用尤为重要。

4.助力学生成长成才是创建"三全育人"和"三自育人"二维一体思想引领生态体系的目标

首先，"三全育人"和"三自育人"两个体系顶层设计理念、制度制定的指导思想要在"服务学生成长成才"这个原点上统一、对接和融合，要对全体师生产生正向激励和同向影响。

其次，"三全育人"和"三自育人"二维一体思想的推进和落实需要抓手。本个案的抓手是：依托教师相应专兼职责的考核评价和学生行为管理及综合评价，制定了相应的管理办法和条例，例如针对学生个体的《学生行为学分管理条例》和面向班集体管理的《班级工作考核量化体系表》。行为学分评价模式就是把学生个体"微"行为量化成相应的行为得分，充分发挥制度规约正向激励作用，制定条理清晰的评分标准、加减分流程、公平公开规范的计分标准，在学生毕业时不仅有一张学习成绩单，还有一张行为学分成绩单，如图 3 所示：

苏州大学文正学院学生行为学分成绩单

学号：1617413xxx　　　姓名：张三　　　班号：1617131　　　专业：电气工程及其自动化

二级指标	加分考核点	加分	减分考核点	减分	个人行为	行为得分
思想行为	市、省、国家级表彰	10-50	违反四项基本原则但情节较轻	10-15		
			不参加政治学习	1		
	学院、校表彰表扬	2-10	参加非法组织、在学校进行宗教活动	5-10		
学习行为	科技、科研小组	5-10	旷课、违反课堂纪律	1-40	晚自修缺勤	-1
	科技比赛的个人或集体	5	违反图书馆管理规定	1-5		
	科技比赛获奖的个人或集体	5-30			第十九批课外学术科研基金项目	10
	学术性论文市级以上刊物发表	5-20				
	省、国家级单科竞赛	5-10			2017年全国大学生英语竞赛（国家级）	10
	省、国家级单科竞赛获奖	5-30			2018中国工程机器人大赛一等奖	20
	英语、计算机等级考试	2-20			通过大学英语四六级	1
	国家认可的资格证书	2-10				
实践行为	社会实践小分队并完成任务	3-5	集体观念淡薄	1-2	PU平台实践学分转行为学分	2
			对不良风气、言行听之任之	1-2		
	获院级以上优秀社会实践	5-30	暑期社会实践不合格	2	2017年校级重点团队	5
	担任班级班支书				担任班级班委	2
	院级以上优秀学生干部	2-10			院级优秀学生干部荣誉称号	4
	校园文化活动	1-3			汉字大赛活动	2
	校园文化活动获奖	2-15			科协全民来挑战活动二等奖	4
	院级以上体育比赛活动	1-3			参加学院运动会组织	2
	院级以上体育比赛活动获奖	1-25			参加学院运动会方阵	3
	军训先进个人	2				
	班级学生干部	0-2				
文明行为	宿舍文明	2-5	讲脏话骂他人	1-5	文明宿舍	3
	合理建议、正确反映情况	1-5	公共场所抽烟、酗酒、宿舍不卫生等	1-10		
交往行为			公共场所喧哗、起哄、打架情节较轻	1-14		
			不正确处理矛盾、滋事	2-10		
			人际关系紧张、矛盾严重	1-3		
守纪行为			受通报批评	10		
			受校纪处分	1-15		
			违章用电、不归还书、违反会场纪律	1-14	使用违章电器	-5
			违反网络使用规定、沉溺网络游戏	2-10		
创新行为	挑战杯比赛	10-30				
	创业计划比赛					
公益行为	学院、学校组织的志愿者服务	1-2	有损社会公德	1-3	参加新家桥地铁站导乘	1
	西部、苏北服务计划	5-10				
	公益活动、劳动	1-5			志愿帮扶	2
	献血活动	2			无偿献血300CC	4

基准分80　　　加减分统计66　　　行为学分得分146

苏州大学文正学院学生处
2019年XX月XX日

图 3

通过行为学分对学生在大学期间的各类行为进行有效记录和评分。行为学分是学生奖学金评定、评优、团员推优、入党、处分解除、招聘求职等事项的重要依据，使得学生的日常行为得到了无形而有效的引导，有效帮助学生良好行为习惯的养成。

班级工作量化考核就是把班级各项工作内容和要求，量化成相应的一级、二级和三级指标，详细记录每一学年中各指标的得分，每学年都会有一张班级量化考核得分明细表。

班级工作量化考核把原来抽象评价班级工作变为量化指标和客观数字来评价，把班级管理化无形为有形，定量不定性，允许和认可出错，激励成长，班级凝聚力大大提升，班主任工作积极性和责任心明显增强，有利于良好班风、学风的形成。

行为学分成绩单和班级量化考核得分汇总表的形成，需要全体专业教师、管理人员和辅导员全员参与，并且依托各级各类学生组织和团队，全方位全过程地参与评价和数据收集，这个过程正是"三全"和"三自"育人要求的体现，也是落实《关于深化本科教育教学改革全面提高人才培养质量的意见》中"学生忙起来、教师强起来、管理严起来、效果实起来"的要求。

最后，"三全育人"和"三自育人"二维一体思想引领生态体系构建过程中，会产生大量繁杂琐碎的事务性工作和流程，如果不妥善处理安排，简单地忽略或交由某一主体去完成，将会使体系运行承压，甚至导致整个体系构建失败。本个案的解决方式是，打造师生共筑的中心化服务模式，各中心承担相应职能部门的职责，每个中心由1—2位教师和一个学生组成的团队来运行，通过明确的工作职责（服务项目）、规范的工作标准（服务流程）、便捷的工作方式（窗口服务），提升了校园管理服务的开放性、透明度、人性化、便捷性、高效性和专业化。处理事务性工作的方式流程过去是职能部门—教师—学生，现在是部门—中心—学生，既提升了职能部门处理事务性工作的效率，也极大地减少了班主任和导师作为信息"二传手"带来的大量事务性工作，让班主任和导师将更多的时间和精力用在学生思想引领、专业交流和能力培养的核心任务上。中心化服务模式融通了师生关系，在各事务服务中心内又打造了形态不一的师生互动平台，将学生的成长置于校园主体的生态场之中，有效地推动了学生的成长成才。

三、"三全育人"和"三自育人"二维一体思想引领生态体系的不足

1.根据生态体验理论，本体系只是高校整体育人生态体系中的一个局部生态体系，因此必然会受到其他生态体系的影响。高校思想引领目标的达成也会受到高校元生态、内生态和类生态中的师师、生生等关系的影响，在此不做赘述。

2.本体系只适用于一定的办学模式下，不具有普适性。每个高校都有自己独特的办学理念和文化传承，因此每所高校思想引领体系的构建都不可避免受这些因素的影响。由于文化传统和工作惯性，高校对新理念的接纳和融入需要一个较长的过程，制度体系的创设容易，但要得到全体师生的认同和践履，需要循序渐进的过程。本生态体系创设于苏州大学文正学院，该学院是一所办学时间较短的独立学院，管理模式扁平、机构设置精简、人员构成简单、工作效能高、执行能力强等有利于本生态体系的创设运行，对于历史悠久、文化积淀深、组织结构复杂多元的高校，建议可以局部借鉴或部分院系先试行，再逐步推进。

3.本生态体系的不足之还在于对网络空间的师生生态的构建没有充分考虑，尚待进一步完善。高校希望在独立封闭的象牙塔里营造教育生态体验场，其实已经不可能了，当下的大学更应是无边界、开放、多元、融合的学习场所，学生获取信息的渠道越来越多元，速度越来越快，因此教师的主导作用

会越来越弱化，教师更像一个知识的整合者和引领者，在大学里的每个教师和学生都是共同成长的，这将是今后一个阶段需要继续创新和完善的方面。

在生态体验理论引领下，高校围绕新时代大学生思想引领这个核心职能建构和完善"三全育人"的格局和体系，充分拓展"三自育人"的平台和空间，通过氛围营造、制度激励，在全体教师身体力行的引领下，在开放互动中激发学生的主人翁意识，使"三全育人"和"三自育人"有机融合，诱发、唤醒生态体验，使大学校园变成一个春风化雨的教育生态场，促进学生成长成才，加强高校思想引领工作。

第二节 互联网思维下的新时代大学生思想引领

一、互联网思维

互联网思维，就是在（移动）互联网+、大数据、云计算等科技不断发展的背景下，对市场、用户、产品、企业价值链乃至整个商业生态进行重新审视的思考方式。这里指的互联网，不单指桌面互联网或者移动互联网，是泛互联网，因为未来的网络形态一定是跨越各种终端设备的。互联网思维是降低维度，让互联网产业低姿态主动融合实体产业。

数据显示，截至 2020 年 3 月，我国网民规模为 9.04 亿，互联网普及率达 64.5%。我国网民使用手机上网的比例达 99.3%，使用电视上网的比例达 32.0%，使用台式电脑、笔记本电脑、平板电脑上网的比例分别为 42.7%、

35.1%、29.0%。

党的十九大报告指出，要加强互联网内容建设，营造清朗的网络空间。移动互联网的开放、快捷和交互性，一方面给新时代大学生思想引领工作提供了多维度、跨疆域、立体化的教育教学空间，另一方面又给新时代大学生思想引领工作带来新的问题和挑战。

二、互联网思维下的新时代大学生思想引领面临的新情况

1.互联网的特点包括：能够不受时间、空间限制来进行信息交换，信息交换具有即时性（更新速度快）、互动性（人与人、人与信息之间可以互动交流）、低成本（通过信息交换，代替实物交换）、个性化（容易满足每个人的个性化需求）；使用者众多；有价值的信息被资源整合，信息储存量大、高效、快速；信息交换能以多种形式存在（音频、视频、图片、文字等）。因此，互联网是一个社会信息大平台，亿万网民在上面获得信息、交流信息，这会对他们的求知途径、思维方式、价值观念产生重要影响，新时代大学生身处其中，其对国家、对社会、对工作、对人生的看法也会深受互联网影响。互联网时代，新时代大学生已成为互联网技术运用最为广泛、最为活跃的群体之一。互联网以其便捷的交流渠道和丰富的信息资源，已逐渐成为当代大学生获取和交流信息的重要渠道。在互联网的影响下，大学生的思维方式、生活方式、审美情趣、行为标准、处世态度等，正朝着复杂多样化的方向发展。

2.互联网时代，新时代大学生的学习方式和学习心态都发生了巨大的变化。在互联网时代，他们可以轻松获取课程、书籍、论文、各类专业信息和科技进展等教育信息资源；但互联网给学习带来的一大问题就是"阅读碎片化"和"知识浅显化"，在学生群体中集中反映为知识不系统、经典著作读得

少、历史纵深不足。互联网具有覆盖广、信息全、快速便捷等特点，学生可以平等地获取各种知识，导致学习心态发生了巨大转变。他们的学习和成长不再单纯依赖教师和课堂，不再局限于学院和专业，而是从深度和广度上将触角不断延伸至自我学习和生活世界的每一个角落。

3.互联网时代，新时代大学生越来越喜欢彰显个性，传统思想引领的方式和方法开始受到挑战，许多高校开始探索"互联网＋"思想引领的新模式，从贴吧到博客，从微博到微信，从电话到 QQ 和电子邮箱，互联网各类工具的使用使高校的思想引领不再受到空间和时间的局限，大大提高了思想引领效率。作为互联网巨大受众群体之一的大学生，这种新形式的思想引领方式对他们是具有吸引力的，利用互联网工具传播的国内外时事热点、党和国家的各类方针政策也更容易被大学生群体接受。虽然利用互联网进行思想引领的优势已经显现，但是隐藏的弊端也是不可忽视的。由于互联网是一个开放的新世界，学生获得信息的渠道更加广阔，与时事热点和国家方针政策同时呈现在大学生面前的是多元化的世界信息，这使得世界观、人生观和价值观还未完全成熟的大学生面临着该如何成长为新时代社会主义接班人的困境。在这种情况下，高校教师进行思想引领的技能和方法就显得尤为重要，但目前的高校教师无论是在互联网工具和技术的掌握上，还是自身的理论水平和知识素养上，都还存在着进一步提升的空间。

三、互联网环境下的新时代大学生思想引领存在的问题

1.在互联网环境下，高校未能充分利用互联网，新时代大学生思想引领工作载体略显滞后。在互联网思维下，高校要适应时代的发展变化，在传统教育方式和手段的基础上，充分利用互联网技术、虚拟数字技术、互动可视

化技术等，将各类时尚元素、经典文化注入引导青年思想政治教育工作中，努力契合青年学生所熟悉的沟通、交流、聚集方式和情感需求，促进新时代中国特色社会主义思想引导内容在青年学生中的有效传播，逐步建立起传统手段和互联网技术的有机融合，积极探索思想引导的有效载体和可靠路径，不断拓展大学生思想引领工作的渠道和空间，形成多层次、广覆盖、可持续的大学生思想引领工作体系，全面提升思想政治教育的吸引力、感召力、说服力和影响力。只有这样，才能真正实现对新时代大学生的思想引领。

由于在互联网的世界中，思想教育和引领的方法可以更加灵活，且不受时间和地点的限制，使人人、时时、处处皆可引导。因此，许多高校开始借助互联网开展高校思想引领工作。纵观互联网普及的过程，大学生使用和追捧的互联网工具和媒介几经更替，从论坛、博客、人人网、QQ、微博到微信和抖音短视频等，从时间的跨度上看，这些互联网工具更新周期日渐缩短，并且日新月异。然而，高校的思想引领却一直处于追随者的位置。例如，辅导员在贴吧不停地发帖宣传，却发现跟帖回复的人寥寥无几，是因为微博已经成了主要趋势；当辅导员们开始不停地"织围脖"时，却发现大学生的主力军已经转向了微信和抖音。这种状况常常导致辅导员在费尽心力建立好思想引领阵地后，却发现受众者已经转移。

2.在互联网环境下，高校对新时代大学生思想引领工作的主动权被削弱。传统的大学生思想引领工作存在着主动权被削弱、引领方法局限明显、引领内容不够全面、高校辅导员不能适应互联网时代对工作的要求等问题。在互联网渗透社会生活方方面面的时代背景下，改变传统的理念和思维模式，创新大学生思想引领方法和内容，运用"互联网＋社会主义核心价值体系"等方式，建设一支善于利用"互联网＋"且思想正、技术高、能力强的教师工作队伍，使高校大学生思想引领工作适应新时代要求。

高校依靠第一课堂和第二课堂强化对大学生的思想引领。传统高校思想引领的主动权在学校，这是传统高校开展思想引领的既有模式，也使得高校以社会主义核心价值观等为主的主流意识形态得以保持和延续。而互联网的低门槛则将主动权给了学生自己，学生可以通过互联网自由吸取自己感兴趣的知识和内容，学生还可以根据自己的实际需要，制订个人学习计划。例如网络开放课程，就给予了大学生充分的学习与选择的自由。但作为高校，思想引领的主动权不可丧失，面对新的时代要求，大部分高校还没能寻找到一种既能保持高校思想引领的主动权，又能给学生创造自由学习的思想引领模式。

3.在互联网环境下，高校对新时代大学生思想引领工作的内容覆盖不全面。互联网是把双刃剑，在带给学生许多自由空间的同时，也带来了国内外大量多元化的信息，网络舆论环境复杂。在这些多元化的信息中不仅掺杂着某些国家向我国政治思想上的渗透，也包含了国内许多现实矛盾和利益冲突所带来的不同价值标准和思想观念的不同取向。这不仅降低了大学生对信息的分辨能力，还使得大学生思想意识的主流脱离正常的轨道。因此，在传统的思想引领内容基础上，加强网络思想教育，强化高校网络舆论引领是当代大学生思想引领工作的重要内容。

4.在互联网环境下，高校对新时代大学生的思想引领工作对高校教师的思想政治素质、技术知识结构以及职业能力提出了挑战。互联网时代背景下，高校的学生群体发生了巨大的改变，高校教师也相应面临新的困难和挑战。首先，现阶段许多年轻的高校教师在工作方法上有所创新，但也存在着政治立场不够坚定、思想政治素质不过关的问题，这些不稳定的因素都会给大学生思想引领带来很大的难度。其次，互联网时代以信息和技术为主，但研究发现，许多高校教师对互联网的使用频率和能力要远远低于大学生，这会导致高校教师与大学生的交流存在一定障碍，无法准确掌握学生的思想状态。

同时，高校教师所建设的网络教育资源和平台也无法对学生产生足够的吸引力，达不到思想引领的作用。最后，大学生网络舆情具有非真实性、盲从性和情绪性特征，而很多高校教师既缺乏对网络舆情的应有重视，也缺少网络舆情监控的能力，更没有完善的网络舆情监控机制，这就导致大学生容易被网络上的言论误导，主流价值观被冲击，非理性情绪蔓延，这些不仅影响大学生的健康成长，还有可能造成校园网络舆情事件。

四、互联网思维下的新时代大学生思想引领创新实践

1.用互联网思维建立起大学生思想交流和思想引领的平台

在互联网思维下，知识和价值观的传递可以是自上而下的，也可以是自下而上的，它更为强调不同的个体对具体内容做出不同的生动解读，以多种渠道与途径，实现由"内化于心"到"外化于行"的转变。大学生思想交流和思想引领平台是平等和开放的，可以调动各方参与实践活动的积极性，打造人人参与、人人共享的学习氛围。掌握思想引领的主动权并不意味着要遵循以往的思维和理念，单向灌输在互联网新时代下对思想引领的作用已经不明显，高校要用互联网思维，改变传统的理念和思维模式。以学生为中心的教育方式越来越被高校所认可和遵从，所以，在对大学生进行思想引领的过程中，要树立"以生为本"的理念，尊重学生的主体地位。辅导员可以根据大学生不同阶段存在的实际问题有针对性地给予思想上的引领和帮助，全方位、多渠道帮助他们完善人生观、价值观，使他们知荣辱、明是非。同时，运用互联网思维建立起"民主、开放、共建、共享、互联、互通"的大学生思想交流和思想引领平台。这种平台需要以学生为主体进行建设和维护，辅导员的作用就是指导、参谋与陪伴，并适时开展思想引导。对于以往的政治

理论课程，可以根据学生的兴趣和关注点给他们自由选择的空间，也可以使这些课程上线成为网络课程，并允许开展线上评论与学习交流，真正达到线上线下的开放和共享，这不仅能够充分给予当代大学生自由的学习空间，展现他们独特的个性，还能打破传统学校的"围墙"，让学生在不同学校之间相互学习，用互联网作为纽带，推动大学生网络思想政治教育的创新发展。

2.用互联网思维打造和运维互联网平台，创新大学生思想引领工作，将师生互动空间搬到线上

针对当前学生成长发展多元化、师生关系日趋平等的态势，运用互联网思维，搭建一个更加全面的工作平台，汲取"创新思维、平台思维、共享思维、客户思维"的内涵和养分，积极适应时代变革，有针对性地进行引导，从过去"我教你""我管你"的模式向"我们一起"的模式转型。以往载体滞后的原因是担任思想引领工作的辅导员没有新时代大学生发现新鲜事物的灵敏触角，因此可以依靠广大学生群体的主体优势和创新精神，大胆尝试和体验在大学生聚集的各类平台上开展思想引领工作，主动抢占互联网思想引领的新高地。同时还要提升宣传内容的品质和实效性，提高平台的用户体验。各类互联网载体的快速更新换代说明用户的体验决定了接受程度。因此，在利用新平台进行思想引领的过程中，不仅要一切从学生的角度出发，想学生所想，忧学生所忧，集思想引领与各类生活服务于一体；还要在语言和形式上紧密贴合当代大学生的特点和要求，要让学生在逐渐习惯使用这一平台的同时，潜移默化地跟着思想引领的主流方向走。在互联网思维下，应使信息技术与教育教学深入融合，创新学习模式，打破师生交流的时空限制。在线课程的使用，一方面促进了学生自主学习，可以实时查看学习及参与活动的进度，提高了导师和辅导员的工作效率；另一方面方便了学生与教师沟通交流，提高了教学的效率和质量。

3.将网络思想教育作为大学生思想引领的主要内容，以社会主义核心价值体系强化网络舆论引领

发挥"互联网+思政"的独特育人功能，全力打造一个学生全覆盖、线上线下高度融合的互联网矩阵模式，实现"课内课外、网上网下、校内校外"多维互动，让大学生成为网络思想文化建设的主体。针对互联网带来的信息多元化，最有效的解决办法是"借力打力"。首先，通过互联网对大学生进行理想信念的教育，弘扬主旋律，让社会主义核心价值体系占据微博、微信、QQ群等网络阵地，引导大学生形成正确的世界观、人生观和价值观，使学生从思想深处抵制不良观念的侵袭，接受并坚定树立社会主义核心价值观。其次，进行网络认知教育，通过课堂、讲座、新媒体宣传等线上线下多种形式让学生学会辨别网络上的不良信息并自觉抵制。最后，全面开展网络监控。高校和辅导员要成立学校、学院、班级多层次系统化的网络监管队伍，对进入高校的网络信息进行初步筛选，对在校大学生的网络行为进行实时监控，这有利于及时发现危机事件，建立平安、和谐校园。

4.建设一支政治强、业务精、作风正的新时代辅导员工作队伍

作为辅导员不仅需要有较高的思想道德素质，正确的世界观、人生观、价值观，还需要有扎实的专业知识基础和与学生进行良好沟通的技能，以及不断创新的动力。在互联网时代，辅导员需要通过学习不断加强自己的各项知识素养，积极参与学校组织的各类心理咨询、网络技术应用与网络舆情监控的培训，提高解决学生各类生活、学习困难的能力；还要通过使用互联网创新与学生的沟通方式，譬如采取发朋友圈的形式构建自身网络形象，并且把自己对时事的理解、生活的感悟和具有正能量的想法、见解以轻松诙谐的

方式传达给学生，并与学生进行互动，掌握网络主动权，使学生在潜移默化中得到引领。此外，也要学会如何加强网络舆论引导，网络舆论"宜疏不宜堵"，要形成以辅导员为主体的专门队伍，构建完善的网络舆情监控机制。除了积极参与培训，辅导员也要积极提升自己的科学研究能力和水平，以足够的知识武装自己，并在现有的基础上积极创新各类利用互联网进行思想引领的新方式。

互联网是意识形态工作的主阵地，意识形态领域的许多新情况、新问题往往因网而生、因网而增，许多错误思潮也都以网络为温床生成和发酵。高校立德树人教育必须重视网络世界，运用互联网思维做好新时代大学生思想引领工作。

第三节 新媒体视角下的新时代大学生思想引领

随着移动互联网技术的迅猛发展和普及，新媒体的触角伸向大学生生活的各个方面。QQ、微博、微信、贴吧、抖音等大众新媒体应用平台的不断涌现，迎合了青年学生开放式、个体化、自由化的信息需求模式，成为大学生最重要的信息来源，也是最便捷的意见发布平台，其传播迅捷、受众广泛、开放交互的特点给高校思想政治建设与价值观教育带来了新的机遇与挑战。因此，积极适应新媒体的特点，做好新时代大学生思想引领工作成为当务之急。

一、新媒体

新媒体是利用数字技术，通过计算机网络、无线通信网、卫星等渠道和电脑、手机、数字电视机等终端，向用户提供信息和服务的传播形态。从空间上来看，新媒体特指当下与"传统媒体"相对应的，以数字压缩和无线网络技术为支撑，利用其大容量、实时性和交互性，可以跨越地理界限，最终得以实现全球化的媒体。新媒体作为主流的传播媒介，快速地替代传统媒体，影响人们的生活方式，具有发展快、融合度高、自主性强的特点。

以数字技术为代表的新媒体，其最大特点是打破了媒介之间的壁垒，消融了媒体介质之间，地域、行政之间，甚至传播者与接受者之间的边界。新媒体还表现出以下几个特征：①媒体个性化突出。由于技术的原因，以往所有的媒体几乎都是大众化的。而新媒体却可以做到面向更加细分的受众，个人可以通过新媒体获取自己需要的新闻。也就是说，每个新媒体受众手中最终接收到的信息内容组合可以是一样的，也可以是完全不同的。这与传统媒体受众只能被动地阅读或者观看毫无差别的内容有很大不同。②受众选择性增多。从技术层面上讲，在新媒体领域，人人都可以接收信息，人人也都可以充当信息发布者，用户可以一边看电视节目，一边播放音乐，同时参与节目的投票活动，还可以对信息进行检索。这就打破了只有新闻机构才能发布新闻的局限，充分满足了信息消费者的细分需求。与传统媒体的"主导受众型"不同，新媒体是"受众主导型"。受众有更大的选择，可以自由阅读，可以放大信息。③表现形式多样。新媒体形式多样，各种形式的表现过程比较丰富，可融文字、音频、画面为一体，做到即时地、无限地扩展内容，从而使内容变成"活物"。理论上讲，只要满足计算机条件，一个新媒体即可满足全世界的信息存储需要。除了大容量之外，新媒体还有"易检索性"的特点，查找以前的内容和相关内容非常方便。④信息发布实时。与广播、电视相比，只有新媒体才真正具备无时间限制，随时可以加工发布的特点。新媒体用强大的软件和网页呈现内容，可以轻松地实现 24 小时在线。⑤新媒体交互性极强。独特的网络介质使得信息传播者与接受者的关系走向平等，受众不再轻易受媒体"摆布"，而是可以通过新媒体的互动，发出更多的声音，影响信息传播者。

二、新媒体和新时代大学生思想引领工作的联系

呈迅猛发展之势的新媒体对于新时代大学生群体而言更是引起各方面变化的因素。传统媒体信息阅览延迟、表现形式单调、受众面有限，而以数字化作为特征的新媒体突破传统，集实时性、交互性、丰富性和全面性于一身，为受众群体提供思想层面与感官层面的全方位真实体验。新媒体打破了传统封闭的媒介间存在的界限，消融了地域边界，乃至转变了信息传递者和接收者之间的关系。而在新媒体精细化的同时，受众群体能够得到相对于传统更具针对性、全面与丰富的信息资源，个人信息资源的获得彰显了新媒体独特性及个性化。以这一基础为依托的信息获取，使得每位受众均可下载、互动，并成为信息内容的传递者。在信息传递当中，以往单调的传递方式渐渐被集画面、音频、文字与视频于一身的综合表达所取代，生成无限且即时的拓展方式，进而使得信息内容更加灵活，彰显数字媒体生命力与灵活性。新媒体时代下，信息的发布和获得更加轻松与及时，同时由于新媒体信息发布和获得不存在时间约束，因此能够实现随时加工发布与二十四小时在线。

1.新媒体强化新时代大学生思想引领工作主体性

传统大学生群体思想引领工作常常运用单向度信息传递模式，即学校思

想引领工作者过度注重其在具体引领当中所具有的主导地位，忽视被引领者在该过程的主体作用发挥，这一注重服从与听话的思想引领工作忽略了学生个人发展的差异性与特殊性，最终致使主客体间的关系逐渐割裂。而新媒体针对这一注入式方法实施创新变革，借助 QQ、微博、微信和抖音等新媒体直接、双向与平等的信息交流特点，开辟良性互动、平等包容和形式多元的思想引领工作方式和平台，帮助学校思想引领工作者有效、及时且全面把握学生个体发展诉求，继而更为精准地设计、选择与深化思想引领工作内容，促使其更为轻松与容易被大学生接受。

2.新媒体保障新时代大学生思想引领工作的参与性

新媒体可以隐匿用户群体的真实身份，有利于突破实际生活中因心理及环境等因素的制约，但致使大学生言非所思、言不由衷与言而不尽的现状。每名新媒体用户均可选用不同维度与视角发表个人观点，每一主体所具备的表达欲望均可获得最大程度发挥。新媒体所具备的匿名性特点可以为大学生群体思想引领工作营造民主、平等与自由的工作环境，促使思想引领工作当中存在的问题得以解决，从而使大学生积极参与思想引领工作，提高思想引领工作在新媒体背景下的参与度。

3.新媒体提高新时代大学生思想引领工作的时效性

大学生群体思想引领工作，旨在帮助其树立正确的三观。然而，若想达到此目标，思想引领内容应与大学生个体的内心世界高度相契合，即应拥有具体、丰富且贴合大学生群体生活现实的内容。但是传统意义层面的思想引领工作内容具有静态和稳定等特征，注重理论内容讲解，这一传统思想引领内容由于其信息资源收集、编制、复制与传递等都需要以传统媒介作为依托，所以引领内容陈旧，无法高效引领与指导学生真正解决其现实问题与思想困惑，最终导致无法引起学生们情感方面的真实认同。而新媒体平台因其信息传播与更新的及时性特征，可以真正改变这一状态，促使信息内容生成和传递展现出跨时空、动态化与立体化的特征。由此可见，在大学生群体思想引领工作当中引进新媒体技术，是提高大学生思想引领工作质量与效果的必由之路。

三、新媒体视角下的新时代大学生思想引领工作面临的困境

1.新媒体对传统课堂教学思想引领的实效性形成解构

主要体现在：一是以自由开放冲击约束定向。学生可以在新媒体自由开放的领域，广泛阅读各门类文字信息，浏览多种人物信息，了解不同的观点，采取不同的立场，可以在教学现场对教师设定的教学内容提出异议，进行辩论。新媒体的全时开放性对传统课堂教学内容的相对固定性形成较大的冲击。二是以多向互动挑战单向灌输。新媒体的交互性使得每个个体不仅是互联网信息的传播者、接收者，同时也是生产者、提供者，学生在共享网络信息的同时也创造教育信息。新媒体的平等互动、多向交流突破传统的教育模式，对单向灌输式价值观教育模式形成冲击。三是以去中心化消解教育者主导地位。课堂教学的影响力与感召力主要体现于教师主导的内容得到学生认可与接受的程度。如果学生随时在刷新媒体平台上的各种信息，全时空查阅与课程教学内容相关的背景知识，可以对教师讲解的内容进行即时对比，能够提前获取与教学内容相关的各种知识储备，那么，学生就会降低对教师主导课堂的依赖性，逐渐摆脱以教师讲授为中心进行课堂学习的束缚。在这种情形

下，学习能力强的学生可能形成以自己为中心、新媒体学习和教师讲授相结合的学习方式；学习能力偏弱、自控能力也弱的学生，则大概率会在新媒体平台的海量信息中迷失自己，失去了学习目的和方向，在消解教育者主导地位后失去自己学习者的中心地位。如果教师的课堂教学无法体现出理论的魅力和逻辑的力量，那么，其被新媒体碎片化信息进行消解的可能性更大。

2.校园媒体对新时代大学生思想引领作用的劣势

一方面，运营机制尚未完善，线下线上互动不足。目前，多数高校在新媒体使用层面，存在平台粉丝质量偏低、互动效率不高等难题。多数平台因前期运营发生决策失误，导致多数粉丝变成毫无活力与积极性的"僵尸粉"，主动互动交流的粉丝更是有限。长久以来，多数校园内部媒体平台成为学校公告通知与发布的公告栏，无法发挥校园内部媒体平台的宣传功能，也逐渐失去新媒体和公众有效互动的明显优势。但学校在公布与学生群体利益切实相关的事件时，平台粉丝互动成效显著加强。因此，在运营管理情况较佳的背景下，粉丝对于自身相对关心与重视的事件则更愿利用新媒体平台表达其意图。另一方面，校园媒体定位不清晰，内容生成服务缺乏较强的引导性。当前，校园新媒体基本存在着注重活动过程、忽视服务内容、忽略思想引领与文化宣传等定位模糊的情况，致使媒体平台内容的生成质量较差，且平台受众目标也较为模糊，难以充分发挥新媒体平台在思想层面引领大学生群体的作用。据观察，思政宣传类信息在学校新媒体平台中占比过低，同时在营造和传播校园文化的工作中存在感较低，并未认识到文化宣传工作需要多个领域协同发展，也未认识到文化宣传工作是引领大学生群体思想的正确手段，是需要相应工作者身心力行的重要责任。

3.学校新媒体对新时代大学生思想引领的效果亟待提升

首先，平台运作工作者认知不足，平台内容缺乏较强的实效性。多数新媒体运作工作者认为，该平台仅作为传统媒体的数字化而存在，对于新媒体性质并未进行深刻认识，只是将新媒体平台作为其宣传工作所运用的工具，在日常思想引领工作内容的发布方面存在形式单调的现象，并且仅仅发布部分具有较强政治性的信息内容，同时在内容设计方面存在语言僵硬和缺少温度等问题，对学生而言，实用信息较少。除此之外，部分学校还存在新媒体平台有关栏目设计缺乏合理、内容繁多复杂且未突出重点、信息反馈不及时和互动功能尚未完善等状况，而这些状况均会致使平台缺失原有定位，无法充分施展新媒体平台教育引导功能，并且还容易致使平台为师生群体而服务的中心理念逐渐模糊。其次，管理手段冗杂，品牌意识欠缺。近年来，多数学校新媒体平台处在独自管理状态下，定位有着一定局限性，隶属学校二级学院与行政部门等。实际管理体系相对冗杂，品牌意识欠缺，各平台较为零散，并不具备长效推广机制支撑，容易导致平台宣传内容重复、平台宣传资源浪费和受众群体审美疲劳等不良现象产生。最后，技术人才稀缺，长效培育机制成效偏低。学校新媒体发展需要专业人才支撑，这类人才应具备新媒体平台实践运作经验，掌握基本的媒体平台应用能力。同时要对互联网时事热点与社会焦点事件具有较强的敏感度，还应具有创新精神和对传统文化的热情，可切实将网络文化和传统文化融合。还应在摄影摄像、视觉设计、技术开发和行政管理等领域有一定的能力。然而，因现如今学校新媒体发展时间较短，学校管理人员对新媒体与相应趋势了解尚未全面，难以对这类人才实施系统性培训，致使学校在这方面的专业人才短缺。

四、新媒体视角下的新时代大学生思想引领创新实践

1.新媒体视角下的新时代大学生思想引领在价值取向层次的目的性和工具性相统一

就某一意义而言，思想引领工作在具体环境下将社会发展具体需求作为基准，塑造学生思想品行，在整体上把握其发展方向，呈现其工具性价值与社会功能。然而学生个体发展与社会发展在实践活动当中具有辩证统一的特点。因此。若想提高大学生群体思想引领工作实效性，一定要将解决实事与培育人才相融合。在实践中应着眼于长远目光，进而实现为经济工作与其他所有工作服务的功能；思想引领工作就其本质而言，是解决学生思想问题，推动学生全面发展的长期性活动，应坚定地将以人为本的思想贯彻在工作的全过程。因而，新媒体背景下，学生思想引领工作应坚定"育好人"与"办大事"的一致性，从而实现义与利的高层次统一。首先，凭借新媒体加强学生思想引领和行为规范作用。学校通过建设校园新媒体平台，将校规校纪、道德约束等社会规范化要求，借助图文并茂的形式不断加强，吸引学生群体关注的同时，减轻学生的逆反心理。并且，新媒体交互性特点可及时发泄学生因学习社会行为规范而产生的消极情绪。其次，借助新媒体加强思想引领工作的价值引领作用。把新时期思想价值引领渗透到校园新媒体的信息产生、传递、沟通与使用的过程中，使学生可通过创新的表达方式主动接受并认同核心价值取向。

2.明确新媒体视角下的新时代大学生思想引领平台定位,建立长期培养机制

新媒体视角下,学校宣传体系逐渐发生变化,在科学理论引导下,践行宣传思想教育的重要职责始终是校园媒体平台的基本任务。因此,在思想引领工作方面,学校应将校园媒体信息内容作为媒介,将服务作为导向,将思想教育为根本的平台定位作为准则,牢抓宣传、引领与服务三方面的大流量。同时,应结合学校现状,明确组织方向和建设内涵,展开融合发展。在学校思想引领深度与厚度层面做加法,而在管理和服务大学生群体的时间和空间层面做减法,将贯彻落实新媒体发展的思想作为理论核心,坚定走学校新媒体精细化服务师生道路、新媒体平台线下线上互动道路。同时,时刻注意创新创意、时政热点和校园要闻,坚定正确的舆论导向与政治方向。经过长时间的实践活动,在校园生活当中累积素材,积累内容,将输出真正转换为产出。在实践当中持续发现、总结并解决实际问题,积极深化和其他学校媒体平台的协作,根据真实状况持续磨合与调整,进而建立真正有效的长期培育机制。

3.放眼新媒体视角下的新时代大学生思想引领大局,探索新型推广模式

为建设完善的校园内部媒体平台宣传系统,应同时运作多元化媒体平台。但是在以往的宣传活动当中,学生往往通过 QQ、微博和微信等校园新媒体平台全程参与活动,从活动前期在线预热,到活动中期阶段正式报道,最后到活动结束的工作总结,这一思想引领工作模式已经无法满足身处新媒体环境学生的诉求。因此,建设健康且高效运作的思想引领工作媒体阵地,是学校思想引领相关工作者亟须完成的任务。工作人员应摒弃传统的以单一新媒体平台为核心的思想引领工作发展模式，应充分利用媒体平台资源与受众优势，将思想引领内容作为核心，结合所有优势，塑造学校品牌文化。另外，学校可组织线上线下活动，依托各媒体平台优势，建设微信、抖音和微博于一体的全方位推广宣传体系，活动前期可利用新媒体平台趣味性与互动性较强的优势进行预热，中期通过抖音或者微博进行内容直播，后期则利用微信公众号进行活动总结。借助线上线下活动，可加强各平台间的资源调配与联系，从而生成内容传播矩阵。在此分配下，学校活动内容可贯穿于所有平台，资源利用、工作分配与内容宣传等均会达到合理且高效的成果。同时，针对不同年龄层次的受众可在不同平台应用多样化语言风格，契合新媒体平台信息宣传与传播方式，以此实现有效地推广校园、社会正能量与正确引领大学生群体思想的终极目的。

综上所述，新媒体背景下大学生思想多元化、价值取向多样化等现象，为思想引领工作增加了一定难度。面对新媒体与新技术颠覆以往宣传媒介的情况，新媒体平台成为大学生思想最为活跃的虚拟空间。思想引领工作者应利用新媒体引导学生群体正确认知世界，并树立积极的三观，进而促使大学生成为合格的社会主义接班人与建设者。

第四节 基于组织认同的新时代大学生思想引领

组织认同一般是指组织成员在行为与观念等诸多方面与其所加入的组织具有一致性，觉得自己在组织中既有理性的契约和责任感，也有非理性的归属和依赖感，以及在这种心理基础上表现出的对组织活动尽心尽力的行为结果。组织认同和思想引领具有内在逻辑关联。认同理论对研究大学生思想引领工作具有重要价值和指导意义。本专题以组织认同视野下大学生思想引领面临的困境为现实起点,对大学生思想引领的工作目标、工作体系和工作方法等提出建议。

一、思想引领与组织认同本质契合

思想引领与组织认同之间存在着内在逻辑关联,表现为本质契合。具体而言,包含以下三个方面的内容:

1.思想引领是以组织认同为目标的引领

组织认同是个人拥有的特质和其感知的组织特质相同时,个体对组织产生认同感,并以组织成员的身份定义自己的过程,实质上是个体需求和组织客体属性相互契合的主动、动态过程,具有实践性。大学生思想引领,其本质是高校坚持在党的领导下,用党的思想政治观念和道德规范对大学生施加有目的、有计划、有组织的影响,从而引导大学生树立正确的世界观、人生观和价值观的社会实践活动。从内涵层次上分析,组织认同是大学生进行价值选择的动态表现,亦是高校思想引领教育由说理走向实践的必要中介;思想引领是以实现大学生组织认同为目标的引领,是用党的思想对大学生进行思想政治教育,其归宿是使大学生接受和认同党,并不断坚定跟党走中国特色社会主义道路的信念。思想引领通过组织认同这一渠道,最终使大学生形成符合中国特色社会主义事业建设和发展需要的思想品德。

2.思想引领过程与组织认同实现过程的一致性

思想引领工作的核心之一是价值观的教育,价值观教育有其必不可少的两个环节：价值理性的培育和价值观的引导。教育的重点在于培养大学生接受各种价值观的批判性，而引导的重点在于帮助大学生实现对社会主义核心价值观的认同，最终有效地实现大学生个体的社会化。从此层面考察，思想引领的过程亦是大学生个体社会化的过程。组织认同是个体定义自我、实现社会化的中间环节，从自我认同看，个体通常凭"相似性"而选择参与并认同与自身价值观相似的组织，并通过改变自己以达到组织要求；从社会认同看，个体会努力争取和保持积极的社会认同，即个体会主动地选择加入更具积极价值的群体，自觉地将社会主导价值纳入自身价值体系中。自我认同到社会认同的过程就是个体社会化的过程。所以，思想引领工作过程与组织认同实现过程具有一致性。

3.思想引领遵循着个体组织化的规律

个体组织化虽不同于组织认同的概念，但二者的研究对象均为个体和组织，二者都追求个体与组织的一致性。个体组织化是个体逐渐内化组织的思想意识并最终认同组织的过程，其自身规律表现为：第一，大学生的主体需求形成和变化的规律。思想引领的对象是大学生个体，了解个体的主体需求是思想引领工作的内容。第二，组织的客体属性的形成和变化的规律。思想引领依靠组织对大学生实施世界观、人生观和价值观的教育，了解组织的客体属性的规律，也是高校进行思想教育工作自身建设的规律。第三，个体与组织关联的形成和变化的规律。思想引领效果的达成与个体的主体需求和组织的客体属性协调一致有很大关联。因而，个体组织化的上述规律，是思想政治教育取得活动实效必须遵循的规律。

二、基于组织认同的新时代大学生思想引领工作面临的困境

以组织认同为视角，新时代大学生思想引领工作面临着一定困境。厘清这些困境，能够有效推进新时代大学生思想引领工作。

1.新时代大学生思想引领的组织认同效果呈现低效能

组织认同效果是指在思想引领工作下组织认同所取得的提升度和效益值。当前新时代大学思想引领的组织认同效果还呈现低效性的原因可以从理论角度和现实背景中得到解释。从理论角度看，群体同质化与主导价值静态化导致思想引领的非发展性。思想引领的非发展性，是指基于迎合性组织认同的传统价值观引导过程如同一个"黑匣子"，在单一僵化的教育目标统领下，学生无法将所接受的思想与生活及未来的发展相联系，思政教育缺乏科学性和发展性。究其原因主要有两个方面：一方面，思想引领主体将群体同质化。另一方面，思想引领主体将价值观静态化。从现实背景看，经济全球化与信息技术化导致思想引领工作极具挑战性。经济全球化和信息技术化，将思想引领工作置于一个开放的社会系统中，为大学生思想引领提供了全新的环境和丰富的资源，但其对思想引领提出的挑战也是不可忽略的。开放系统下大学生接受的思想和自身的诉求几乎不受传统学校主导教育思想的影响，这就凸显了新时代大学生思想引领工作和高校思政教育影响力的薄弱性。

2.组织认同视野下新时代大学生思想引领工作过程呈现难控性

组织认同视野下新时代大学生思想引领工作过程的难控性主要体现为以下三个方面：

一是基于新时代大学生个体组织化的思想引领工作要素的节奏性。大学

生个体组织化即大学生个体成为校园组织一员的过程，具体表现为在身份上加入组织、思想上认同组织、行为上融入组织。大学生个体组织化受个体的主体需求和组织的客观属性的影响，具有其自身规律与内在规定性。大学生个体需求具有多样性和变化性。这决定了思想引领的内容和方法不可千篇一律，而是随着条件和环境的变化而变化，变奏性地适应学生的发展需求。

二是基于新时代大学生组织化的外在形态下思想引领工作内容的庞杂性。新时代大学生个体组织化的外在表现形态可概括为生存性、身份性、情感性、交换性、价值性和志向性六种。这些表现形态一方面表明大学生具有生存性、身份性和情感性等多层面的内在需求，另一方面也映射出组织自身建设的重要性。基于大学生组织化的外在表现形态，思想引领工作内容的庞杂性表现为：了解和满足大学生整体需求的庞杂。大学群体具有一定的特殊性，如仅就大学生加入学校组织的初衷而论，就有锻炼性、功利性、兴趣性和社交性等多种层次。培育和发展组织的客体属性的庞杂。校园组织是思想引领工作的载体，组织自身建设是思想引领工作的任务之一，包括制度建设、队伍建设、文化建设、物质条件建设等多方面，是一项任重而道远的工程。

三是基于新时代大学生个体组织化衍变异化的思想引领工作机制的欠缺性。大学生个体组织化的衍变异化主要是指在大学生身份认同与思想认同不尽一致的衍变基础上所产生的异化，使得思想性认同总是滞后于身份性认同的趋势。如"关于大学生思想上入党和组织上入党"调查研究显示，大学生在思想上入党占比要低于组织上入党，呈现出思想上入党与组织上入党的不一致性。一方面，价值性认同的衍变异化。当个体不依靠自身能力，而是依靠父母、家庭出身、校友等加入组织，获得的组织身份并不会得到社会性称许，个体会逐渐丧失对组织的认同，而异化为对其社会身份的认同，在这种衍变异化的情况下，思想引领并不能通过组织起作用，即个体无法主动地感知和内化组织的价值，思想引领便无法达到预期效果。另一方面，交换性认同的衍变异化。以交换性认同为基础，个体认同组织的条件是，组织需提供一定的"刺激物"作为组织交换的资源，而"刺激物"的提供者是组织或制度，那便是组织认同；但大多数情况下，"刺激物"的提供者是领导，则容易将组织认同异化为领导认同。这种异化同样会对思想引领的实质效果产生影响。异化的产生和体制的不完善脱离不了干系，无论是哪种异化，都从侧面反映出现如今高校思想引领工作机制的不成熟。

3.组织认同下的思想引领工作方法呈现缺憾性

思想引领工作方法呈现缺憾性，是指教育者对大学生实施思想引领的基本手段缺乏一定的针对性、创新性和综合性，有待改进和完善，以适应社会发展的新形势、契合组织认同的新视角。主要表现在以下三个方面：

第一，思想引领工作要素的多变性决定了现行的思想引领工作方法缺乏针对性。新时代大学生个体需求的多样化和大学生组织化过程的不确定性决定了思想引领工作要素并不是一成不变的，而是随着大学生个体需求和组织化情况的不同而产生相应的变化，具有多变性。针对性强调在思想引领工作中，要根据教育对象的具体特点选择和运用不同的方法。由于大学生个体具有不同的家庭背景和个人经历等，对不同类型的学生做到因材施教是必要的，却也是不易的。

第二，思想引领工作内容的庞杂性决定了现行的思想引领工作方法缺乏综合性。一方面，新时代大学生自身需求具有多样性。大学生具有生存性、情感性和志向性等多层面的内在需求，且大学生思想往往复杂且处在不断变化中。另一方面，组织自身建设具有复杂性。组织客体属性的培养是为满足大学生个体的主体需求，软件建设和硬件建设都需要系统的方法作为有力支撑。满足大学生自身需求、加强组织建设是思想引领工作中的重要内容。

第三，思想引领工作机制欠缺决定了现行思想引领工作缺乏创新性。大学生个体组织化的衍变异化，包括价值性和交换性两种衍变异化，这些异化折射出了体制的不完善。思想引领工作机制和思想引领工作方法是相互影响的，一方面，健全合理的机制需要创新性的方法作为支撑；另一方面，机制的不完善也影响着思想引领工作方法的实施。现行思想引领工作方法的创新性缺失主要表现为：其一，在新方法的探索上不够。组织认同是一个动态的过程，思想引领工作时刻面临新任务、新情况，目前高校在思想引领方法上的探索显得不足；其二，创造性地综合运用人文科学的能力不足。组织客体属性的完善与大学生个体需求的满足，需要综合运用教育学、心理学和管理学等相关学科以达到最佳教育效果。

三、基于组织认同的新时代大学生思想引领工作的创新实践

基于以上分析，新时代大学生思想引领工作应从目标体系的确立、工作系统的优化与引导方法的创新三方面展开变革。

1.新时代大学生思想引领工作必须确立以"发展"为导向的目标体系

以发展为导向的思想引领目标体系，即将个体发展作为思想引领工作的航标灯，打破"适应型"教育模式，将价值观教育的持续性和终极性贯穿思想引领工作的始终。具体而言，应从以下两方面构建出以发展为导向的思想引领目标体系。

一方面，着力于党、团组织及社会其他良性组织的"三性"建设。"三性"

建设是指组织发展时的政治性建设、先进性建设和群众性建设。保持和增强组织的政治性、先进性和群众性，是构建以发展为导向的思政教育目标体系的内在要求，是新形势下大学生思想引领工作健康持续发展的有力支撑。

第一，以政治性建设净化大学生思想。政治教育是思想引领工作的灵魂，加强组织的政治性建设，是要求组织始终在思想引领的过程中贯彻党的意志与主张，引导大学生保持政治清醒，提高政治定力。

第二，以先进性建设传导优秀思想。党团等组织加强先进性建设，用先进思想和科学理论引领大学生，不断提高大学生的政治素养、思想觉悟和道德水平，使其自觉地培育和践行社会主义核心价值观。

第三，以群众性建设持续影响大学生。群体性是组织的天然属性，加强群众性建设，核心是坚持以大学生为本，重点是了解大学生需求及其对组织的满意度，保障是活跃基层组织并建立联系大学生的长效机制。群众性建设有利于巩固组织根基，增强大学生的主动性认同，从而为大学生思想引领工作的持续性提供条件。

另一方面，致力于充分尊重个体差异性的党、团组织及自发组织的管理。尊重大学生个体差异，即思想引领者要对学生的性格、意志和兴趣等加以了解，根据大学生的个性特点与不同需求，积极发展党团组织的同时，鼓励和引导大学生参与各类向上的自发组织。发展、引导的过程与管理过程具有相容性，管理具有一定的约束力，是各类组织正常发挥作用的前提，是有效实现思想引领目标的保障。在思想引领工作中，只建设组织而不管理组织，思想引领的效果将难以持续、难以巩固。加强对党团组织与自发组织的管理，这一方面可以充分调动学生的主体性，激发学生的创造性，使价值观教育得以主动发展。大学生通过自发组织正确表达自己的价值观，并不断内化组织内的价值观，价值观教育得以持续发展。高校组织在社会主义核心价值观指导下管理满足大学生不同需求的党团组织及各类向上的自发组织，尊重大学生个体差异，是打开价值观教育过程"黑匣子"的有力武器，是思想引领作用的全面性和持续性的有力保障。

2.新时代大学生思想引领工作必须优化以"认同"为要义的工作系统

新时代大学生思想引领工作必须优化以"认同"为要义的工作系统，就是在思想引领工作的内容中，将组织认同的理念贯穿始终。这是思想引领工作改革的主要内容。

第一，以大局为本，树立全局意识，构建思想引领工作的组织合力。以大局为本，树立全局意识，表现在思想引领工作中就是把意识形态教育当成一项重要的工作，高校、家庭与社会等组织应以提高大学生政治素质和思想道德为中心，树立大局观，构建从学校到社会、现实到网络的多维度社会支持系统，形成思想引领工作的有效合力。构建高校思想引领工作的合力，即在以高校为主导力的前提下，统筹协调家庭、各类社会组织与网络组织的行为，最终实现思想倾向和政治信仰的"社会价值生态环境"目标，以大局为本，胸怀大势，从全局的高度统筹协调，使各组织建立和谐关系，提高整体战斗力，推动大学生思想引领工作改革的蓬勃发展。

第二，做好调查研究和分类引导的结合，提升思想引领工作的实效性。基于大学生个体组织化主体需求的复合性和过程的变奏性，大学生思想引领工作应以现实具体情况为基础，做好调查研究和分类引导的结合，提高思想引领工作的实践性和针对性。其中，调查研究是基础，分类引导是目的。调查研究和分类引导的相互配合是大学生思想引领工作取得实效的保障。

第三，坚持以学生为本，把需求服务和层次引导相结合，实现思想引领工作的价值满足和激励。需求服务和层次引导相结合是思想引领工作科学化的内在要求。具体而言，在大学生思想引领的实践中，一方面，要服务于学生各个层次的需求，着力培养大学生职业生存能力，完善大学生人格，增强大学生的组织归属感，提高大学生社会和国际竞争力，强化大学生价值观教育，升华大学生思想境界。另一方面，思想引领目标层次并非孤立存在，在思想引领的实践中还需突破传统思维，将不同层次目标融会贯通，使思想引领的组织更具凝聚力，使思想引领活动更具吸引力，最终实现思想引领工作对大学生个体价值满足和激励的内在要求。

第四，建立合理的身份形成机制和交换机制，确保思想引领工作的长期性和稳定性。基于大学生个体组织化衍变异化的复杂性，在大学生思想引领工作中，需完善活力的机制保障，实现思想教育运行的良性化。要确立合理的组织身份形成机制，将异化的可能降至最低，确保思想引领工作的长期性和稳定性。重点是以个体与组织的价值契合度为标准，对组织成员进行筛选，严把入门关。要建立组织性控制的交换机制，将"刺激物"的分配权交到大学生群体手中，形成组织性或制度性控制的交换机制，从而实现思想引领工作的长期性和稳定性。

3.新时代大学生思想引领工作必须始终坚持以创新为核心

基于组织认同，大学生思想引领工作的创新方法包括系统认识法、体系支撑法以及反馈调节和监测评估方法。

第一，运用系统认识的方法增强大学生思想引领工作的科学性。新时代大学生思想引领工作应在唯物辩证法的指导下，坚持系统的认识方法。一方面，将大学生个体组织化看作一个逻辑系统。从个体组织化的内在逻辑性到外在表现形态，再到衍变趋势等，构成一个逻辑系统，从中对个体组织化的个体因素、组织内外因素以及个体需求与组织属性之间的关联进行研究。另一方面，将大学生价值观教育看作一个生命系统。在思想引领的过程中，要高度重视价值观教育的生命力，根据新情况和新问题，灵活对待教育主体、教育客体和教育介体之间的关系，不断提升组织及其活动的吸引力、凝聚力，提高思想政治教育的质量。

第二，利用体系支撑法以建立良性的思想引领支撑体系。体系支撑法是认同视野下大学生思想引领工作的新创新。一个良性的支撑体系是大学生个体组织化呈良性状态的保护网，反之亦然，恶性的支撑体系支撑着大学生个体的恶性组织化。要将事实作为系统支撑法的核心，将学习型组织的建设作为系统支撑法的重点，将体制机制的建设作为系统支撑法的框架。为此，思想引领工作的各部门应树立共同目标，建立共同利益基础，致力于建设优秀的组织文化，加强组织自身建设，提高大学生的归属感和满意度，并使大学生的思想境界得以提升。

第三，建立反馈调节和检测评估机制以提高思想引领工作的质量。思想政治教育的反馈调节、检测评估，是思想政治教育的基本环节，是整个教育过程的有机组成部分。一方面，建立反馈调节机制，有效地掌握大学生组织化过程中的思想动态，完善各类组织的属性功能，修正思想引领工作的实施方案，保障价值观教育目标的实现。另一方面，建立检测评估机制，对思想引领的价值和实际效果做出科学判断，不断总结组织自身建设经验和大学生思想引领工作的教训，不断增强大学生思想引领工作的实效性。

第五节 思想引领力：新时代思想政治教育的应然选择

从思想引领到思想引领力的形成，是新时代提升高校治理能力和治理体系的必然要求，是新时代思想政治教育发展的应然选择。在中国特色社会主义新时代，思想政治教育必须把握时代脉搏，紧跟时代步伐，因时而进、因势而新、因事而化。高校要从被动应对式的思想引领，积极迈向优良育人的生态体系，优良的育人生态体系必将会让高校思想政治教育体系形成巨大的吸引力、凝聚力、向心力、向上力，这就是育人生态体系的思想引领力；思想引领力的形成会让高校成为新时代大学生思想政治教育的澄明之境，让立德树人更有魅力。

一、新时代思想引领力的内涵

1.新时代思想政治教育的本质要求

思想政治教育关系"培养什么样的人、如何培养人和为谁培养人"的根本问题。从本质上看，思想政治教育是以培养和提高受教育者的思想道德修养为指向的价值观念的再生产。从一定意义上而言，"思想价值观念的再生产"就是思想引领，是思想政治教育的终极目标与基本职能，而要实现这一目标，履行这一职能，就必须提高思想政治教育的效力，增强思想引领力是其核心要素。所谓思想政治教育的思想引领力，是指在思想政治教育过程中，用科学的理论武装头脑，从而引领社会思潮、凝聚价值共识、指导实践行为的能力。

思想政治教育的思想引领力具有鲜明的政治性、先进性和群众性。思想政治教育思想引领力的政治性是思想政治教育作为意识形态的显著体现，是由社会主义条件下的思想政治教育的性质决定的，是思想政治教育区别于其他教育活动的根本标志；思想政治教育思想引领力的先进性，就是要用先进思想引导教育受教育者；思想政治教育的思想引领力的群众性，就是要依靠、吸引和凝聚人民群众，影响和动员广大人民群众为建设中国特色社会主义现代化强国和实现中华民族伟大复兴而奋斗，从而凝聚价值共识，形成磅礴之力。

2.新时代思想政治教育的现实必然

在教育实践中，引导受教育者坚定政治立场，树立理想信念，保持政治定力，做政治上的"明白人"，这是思想政治教育的关键。政治上的坚定源于思想上的清醒，所以思想引领是思想政治教育工作的根本任务，是确保政治方向的前提条件。思想政治教育工作涉及"举旗帜、明方向、引道路"的问题，是"教育人、塑造人、引领人"的工作。当前，思想政治教育的思想引领面临着严峻的形势，价值观念日趋多样，各种社会思潮相互交锋，尤其是西方发达国家文化与价值观念的渗透，新技术、新媒体的出现与虚拟网络信息的迅速传播，打破了传统"授受式"的思想政治教育格局，对青少年主流价值观的培养与提高产生了较大冲击，使一部分学生出现了思想迷茫。因此，必须增强思想政治教育的思想引领力，强化思想政治教育的思想引领功能，以增强其针对性与实效性。如果说效果不佳是思想政治教育的症结，那么，科学理论难以真正深入人心、思想引领力不强则是思想政治教育的一块短板。因此，要坚持一切从实际出发，强化问题导向意识，大力推进改革创新，力求在弥补思想政治教育工作短板的基础上取得实质性进展。

3.新时代思想政治教育的未来走向

思想引领是思想政治教育的生命线。思想政治教育要培养人才，关键在于先进思想的真理性力量。无论是未来人才在社会生活中的出类拔萃，还是个体的自由全面发展，最根本的因素是"思想之独立、精神之自由"。因此，增强思想引领力是新时代思想政治教育的未来走向。思想是流变的，更是常新的，不是自发生成的，而是需要通过教育，用新思想、新理论来涵养。思想政治教育的思想引领力犹如空气，其基本要求渗透和贯穿于思想政治教育的各项活动之中。在新时代，思想政治教育的首要议题就是要用先进思想理论来引领受教育者的思想发展。

二、新时代大学生思想引领力的基本遵循

1.必须要提高思想引领的政治站位

把实现中华民族伟大复兴的中国梦融入新时代大学生个人的理想信念和信仰当中，把成为中国特色社会主义事业的建设者和接班人夯实成新时代大学生个人的责任担当和使命，用伟大的理想和新时代中国特色社会主义思想理论来号召、引导和武装新时代大学生。

2.必须要推进"三进"工作

做好大学生思想引领工作，关键在于增强马克思主义理论的吸引力、感染力和生命力，高校要深入推进习近平新时代中国特色社会主义思想进教材、进课堂、进头脑，有效增强大学生对习近平新时代中国特色社会主义思想的理论认同、情感认同和行为认同，使科学理论真正入脑入心，从而为培养社会主义事业合格建设者和可靠接班人奠定坚实思想基础，让真理光芒照亮青

年学生成长的道路。

3.必须要创新"三因"工作方式

思想引领要"因事而化、因时而进、因势而新",高校要通过不断增强思想政治教育工作的时代感和亲和力,来教育和引导广大青年学生牢固树立政治意识、大局意识、核心意识、看齐意识,坚定新时代大学生的中国特色社会主义道路自信、理论自信、制度自信、文化自信,推动新时代学生全面发展和健康成长。

4.必须要落细、落小、落实"三全育人"的体制机制

新时代大学生思想引领力的有效形成和最高境界就是把思想政治工作贯穿教育教学全过程,实现全程育人、全方位育人,在高校形成优良的育人生态体系,真正开创我国高等教育事业发展新局面。

三、增强新时代大学生思想引领力的方法与路径

思想引领力是思想政治教育的一种能力与本领,是需要在教育实践中经过历练而增强的。增强思想引领力的方法与路径有:

1.把握结合点,丰富内容引领

当世界充满不确定性乃至纷争与混乱之时,人们迫切需要一个安全的港湾,一个能在迷茫时指点迷津的灯塔。而具有真理性的思想就是这样的港湾和灯塔,能在瞬息万变的世事中给人以智慧。增强思想政治教育的思想引领力,首先必须解决"用什么来引领"的问题。思想引领的核心在于思想内容本身的逻辑魅力和真理性力量。要把握思想引领的结合点,将思想理论与现实问题有机结合,不断注入时代活水以丰富内容引领,也就是要用中国特色

社会主义理论体系来武装受教育者的头脑，引导他们构筑精神世界。在新时代，思想引领就是要引导学生认真学习马克思主义理论，学会运用马克思主义的立场、观点和方法来分析与解决问题，提高自身思想理论水平和解决实际问题的能力。要切实推动中国特色社会主义理论体系"进教材、进课堂、进头脑"，引导学生了解与把握世情、国情和党情，准确掌握中国发展的现实状况与未来趋势。要加强中国特色社会主义共同理想教育和以爱国主义为核心的民族精神教育，引领学生树立崇高的理想信念，构建丰富的精神世界；加强中国梦的教育，引领学生凝心聚力、共筑梦想；加强社会主义核心价值观教育，以社会主义核心价值体系引领学生思想，引导学生培育与践行社会主义核心价值观，巩固思想道德基础。

2.找准切入点，落实服务引领

思想政治教育必须坚持以人为本，找准切入点，了解并满足学生的需求，有的放矢，努力落实服务引领。思想政治工作从根本上说是做人的工作，必须围绕学生、关照学生、服务学生。思想政治工作必须把解决思想问题与解决学生学习、生活、就业等实际问题结合起来，在服务引导中加强教育效果。要端正认识、心系学生、转变角色，即从"教育者"转为"服务者"，一切依靠学生，一切为了学生。为此，要把握学生的思想动态以提高思想引领的针对性。要及时捕捉学生的思想动态，准确把握学生思想，准确研判这些思想正面或负面的效应，并采取有效措施构建和完善师生之间思想交流的渠道，从而趋利避害，有针对地进行思想引领。同时，要切实解决学生的实际问题，以提高思想引领的有效性。要通过问卷调查，或召开座谈会，或通过网络广泛搜集学生在学习和生活中的实际问题，并进行分类整理和概括分析，准确查找问题成因，探讨解决这些问题的方法，想学生之所想，急学生之所急，把解决思想问题与实际问题相结合，以增强思想引领的亲和力和感染力。

3.强化着力点，坚持言行引领

在广大青少年学生心中，思想政治教育工作者既是知识的传授者，也是指引人生方向的导师。只有"亲其师"，才能"信其道"。因此，在思想政治教育工作中，教育工作者不能摆"官"架子，不能以"教育者"的身份居高临下，而要放下身段，努力成为学生的朋友，构建平等、民主、和谐的师生关系，以增强思想政治教育的凝聚力、吸引力和感染力，增强学生对思想政治教育的认同度与向心力。为此，作为教育工作者，一要努力学习，掌握过硬的知识本领，熟悉与了解学生的思想问题，把握思想引领的话语权，以情动人，以理服人，有效实施"言传"。二要严于律己，规范自己的行为，以自己的人格魅力感染学生，有效实施"身教"，引领学生成为德才兼备、全面发展的人才。

4.开发兴趣点，拓展载体引领

兴趣是最好的老师。思想引领是否卓有成效，除真理性的思想内容外，还在于引领的渠道、载体、方式和方法是否通畅、灵活、多样。在"互联网+"时代，互联网等现代信息技术不仅是思想政治教育的工具与手段，而且已经对人们的价值观念、思维方式、生活方式与行为方式等产生重要影响，是思想政治教育不可回避的新领域和新载体。思想政治教育工作要拓宽引领渠道，创新活动载体，加强思想政治教育的阵地建设，建立校园网、微信公众号、微博、党建和团建主题网站或网页、年级和班级 QQ 群等，从而牢牢把握网络思想引领的主动权。同时，要改进思想引领的方式方法，以先进的网络文化传播为重点，在"广""实""活"上下功夫，策划和创作思想引领的专题宣传教育片、微视频等，将抽象枯燥的理论转化为形象生动的音频和视频，满足学生对图像、语音等信息的需求。同时要利用新媒体进行理论传播与思想引领，有效应对网络突发事件，澄清网民的模糊认识，驳斥网上的片面或错误言论，把握网络舆情引导的主动权，用深入浅出的内容打动学生，用喜闻乐见的方式感染学生，用理论的逻辑魅力征服学生，用光明的前景激励学生，弘扬网络主旋律，激发青春正能量。

参 考 文 献

[1]习近平.习近平谈治国理政（第二卷）［M］.北京：外文出版社，2017.

[2]习近平.决胜全面建成小康社会夺取新时代中国特色社会主义伟大胜利——在中国共产党第十九次全国代表大会上的报告[M].北京：人民出版社，2017.

[3]赵正文.社会主义核心价值观融入大学生思想政治教育的创新机制研究[M].北京：清华大学出版社，2018.

[4]方宏建，张宇.高校学生工作概论[M].山东：山东大学出版社，2009.

[5]胡在东，宋珊，杨文.大学生思想政治教育模式与方法创新[M].北京：九州出版社，2018.

[6]王楠.大学生思想政治教育创新研究[M].延吉：延边大学出版社，2017.

[7]周成军.大学生思想政治教育与创新创业[M].北京：光明日报出版社，2016.

[8]闫晓静.大学生思想政治教育创新研究[M].成都：电子科技大学出版社，2017.

[9]史庆伟.大学生思想政治教育管理与实践研究[M].天津：天津教育出版社，2015.

[10]简冬秋，孟广普.大学生思想政治教育方法新论[M].沈阳：辽海出版社，2019.

[11]董晓蕾.大学生思想政治教育方法的理论与实践研究[M].北京：北京师范大学出版社，2018.

[12]徐建军.大学生网络思想政治教育理论与方法[M].北京：人民出版社，

2010.

[13]戴丽红.当代大学生思想政治教育创新探索[M].成都：电子科技大学出版社，2016.

[14]刘便花.高校大学生思想政治教育创新与实践研究[M].北京：国家行政学院出版社，2017.

[15]黄慧琳.高校大学生思想政治教育与创新能力培养探索[M].成都：电子科技大学出版社，2017.

[16]崔付荣.新时代大学生思想政治教育创新发展研究[M].北京：新华出版社，2018.